台湾の表層と深層

長州人の熱情と台湾人のホンネ

山口大学教授
台湾開南大学客員教授
福屋利信

目次

プロローグ

昭和30年代の近所の公園は、野球の練習をしたり、隅っこに必ず設けられていた砂場で相撲を取ったり、プロレスごっこをする少年たちで溢れかえっていた。そこは、日本の少年のスポーツ的日常の場であり、子供を連れた若妻たちのプチブル的「公園デビュー」なんぞに占領されてはいなかった。未来の王貞治（中華民国籍）や横綱大鵬（樺太生まれ）や力道山（在日朝鮮人籍）を目指す少年たちの夢がぶつかり合う場だった（上記の英雄たちの出自を、いささか強引に理由づければ、戦後の少年たちの夢は、日本帝国主義が図らずも残した負のグローバル化現象に立脚していたと言える）。

昭和36年初秋、筆者小学校4年生のとある日曜日、いつものようにでかけた近所の「児玉公園」（山口県徳山市：現周南市）では、驚いたことに、軟式少年野球大会が開かれていた。そこには、信じられないくらいの人が観戦に詰掛けていて、まさに黒山の人だかりだった。その人の群れの中にやっとのことで隙間を見つけだして、そこから瞬きもせず試合に目を凝らした。小学5、6年の先輩たちが、それも学校でよく見かけたり、話したりしたこともある先輩たちが、真っ白いユニフォーム姿も凛々しく、地域の人たちの注目を浴びていた。筆者には、その先輩たちの雄姿がとても眩しく、加えて、試合を支配する審判がいて観衆がいて、一種のスポーツ文化が形成されていたことにも感動していた。路地裏でキャッチボールをしたり、ソフトボールの三角ベースをしたりすることが、自分の接することのできる野球世界だと思っていたのに、目の前で、自分と同じ小学生たちが、大人の観戦に耐えうる熱戦を展開していたのだった。

グラブに白球が捕らえられたときの「パシッ」という音や、バットの芯にボールが当たったときの「カーン」という音が、故郷の空気の中に流れ込んでは消えていった。試合を照らす太陽の光は、キラキラ輝いていた。その年の夏休み、東京の親戚の叔父さんに連れていってもらった後楽園球場のカクテル光線より眩しかった。三塁側の内野席から見た長嶋三塁手の派手なキャッチングや広岡遊撃手のストイックなまでに無駄を省いたスローイングより、ピッチャーマウンドもなく、引かれたラインと置かれたベース板とがかろうじて野球を行う環境を提供している「児玉公園」の少年野球の方が、筆者により大きな「胸のときめき」を与えてくれた。そしてこの瞬間、筆者にとって野球というスポーツがリアルになった。

すぐさま地区の少年野球チームに入り、筆者は毬栗頭の野球少年になった。それから

2年後、地域の野球の殿堂である「毛利球場」で、市開催の少年野球大会の決勝戦を筆者は戦っていた。もう試合会場は公園ではなく、ピッチャーマウンドがあり、観客席もある場に移っていた。吸い込まれそうな秋空の下で、大きく深呼吸して最終回の守備に向かう緊張を和らげた。試合は1点をリードしていて、レフトを守っていた筆者の前にヒットの打球が転がった。すかさず二塁ランナーがホームを窺うのを視界に入れつつ、打球を捕らえた刹那、渾身の力を右肩に込めて、イチローばりのレーザービーム（少なくとも本人はそう自負している）を本塁に向けて放った。そのボールは、ワンバウンドで捕手のミットに収まって間一髪タッチアウト、それと同時にゲームセットだった。僕らはその年の少年野球徳山大会優勝チームとなった。その大会で貰った優秀選手の賞状は、半世紀が経ったいまも額縁に入れて書斎に飾ってある。ちなみに、50歳で貰った文学博士号の賞状は、まるめて円筒に入れられたまま、机の下に転がされている。

昭和40年夏、筆者が中学校2年生のときであった。「児玉町1丁目1番地」の「市民会館ホール」（「児玉公園」のすぐ隣）で、エレキ大会が開かれていた。当時の日本にはヴェンチャーズを震源としたエレキブームが到来していたのだ。当然筆者の住む地方都市にもその風は吹き込んできた。友人からエレキのコンサートがあると聞いて、市で唯一の文化施設であった「市民会館」に、期待を膨らませてでかけていった。「今日、自分の中で何かが起きる」という直感もあったように記憶している。

社会人や高校生のエレキバンドが多数出演していて、筆者にはステージ上の彼らが死ぬ程カッコよく思えた。エレキの演奏なんて、お茶の間のブラウン管テレビで観るものだと思っていたのに、目の前で、自分より少しだけ年長の青年たちが、しかも地元の青年たちが、いまこうして、「50点以下とは言えない」演奏を展開しているのだった。

テレビにでている芸能人より、近所のお兄さんの方が魅力的に見えることがある！仲間が集まって、好きな音楽を好きなようにやっている！ステージ上のお兄さんたちのギター・ストラップを掛けた肩には、自由の風が舞っていた。寺内タケシとブルージーンズの「バカテク」や田辺昭知とスパイダースの粋なサウンドより、「市民会館」のステージ上でスポットライトを浴びながらトレモログレッサンド（一般的には「テケテケ」と表現された）を奏でるアマチュア・バンドの方が、筆者により大きな「胸のときめき」を与えてくれた。そしてこの瞬間、筆者にとってエレキギターによるロックンロールサウンドがリアルになった。

そのエレキ体験後、エレキギターが欲しくてたまらなくなり、次の日から新聞配達を始めた。当時の親は、エレキギターには不寛容であった。だから、野球のグラブは無理をしてでも買ってくれたが、「エレキ」はもっての外だった。それでもエレキギターが弾けるようになれば、自分が変われると信じて疑わなかった筆者は、眠い目をこすりながら、新聞配達を続けた。半年が経過したある日、やっとの思いで貯めた1万2千円でエレキギターを手にすることができた。その夜は、嬉しさのあまり、ギターを抱いたまま眠りに落ちた。「自分もヴェンチャーズのノーキー・エドワーズのように『パイプライン』が弾けるようになるのだ」と固く心に誓っていた……。

それから1年後、同級生4人で結成したバンドのストレンジャーズは、卒業時の謝恩会において、全校生徒の前で演奏を行なっていた（最初で最後の公式演奏であった）。先生たちは、教員会議を開いて、演奏を許可するか否かを討議したそうだ。反対派の先生方も沢山いたと言うが、最後は校長の「鶴の一声」で許可がでた。「あんな雑音みたいな音楽のどこがいいんだ」と席を立って叫んだ若い体育教師の発言後、定年前の校長が「じゃが、わしもテケテケにシビレちょるんじゃ」とボソッと呟いたそうだ。

体育館のステージで、ヴェンチャーズの「パイプライン」はもちろん、「クルエル・シー」と「ワイプアウト」も演奏した。加山雄三とランチャーズの「夜空の星」、「蒼い星屑」も演奏したと思う。演奏を終えた刹那、ストレンジャーズは学校中のヒーローになっていた。しかし、それもつかの間の1週間後、メンバーはそれぞれ違う高校に進学していき、バンドは自然に解散となった。それでも筆者にとっては、いつまでも忘れることのできない、かけがえのない青春の一頁である……。

いきなり、個人的な、それも台湾とは何の関係もないことから書き始めて、「何が言いたいんだ」と思われただろう。筆者自身もついこの間まで、上記のことが台湾に関わりがあろうとは思いもよらなかった。しかし、少年野球とエレキ合戦を体験した場所の地名が、実は台湾の近代化に大いに関係があった。筆者の青春萌芽期のメルクマールは、二つとも、台湾とゆかりのある場所で繰り広げられていたのだった。

第四代台湾総督児玉源太郎の名を冠した「児玉公園」であり、「児玉町」なのだ。台湾が近代化にテイクオフできたのは、「何よりも現地の人々の生活を優先する」という信念のもとに統治を行なった、明治の陸軍軍人の軍人らしからぬ人道主義の存在ゆえであったらしい。台湾の統治は、軍政によってではなく民政によって進めるとした児玉源太郎の大方針に不満を漏らす軍関係者に対しては、「私の職務は、台湾を治めることであり、討伐することではない」[1]と一喝したという。

長州支藩・徳山藩の中級武士の子として生を受けた児玉源太郎は、幼くして父親を失い、さらに幕府に対して抗戦派の義兄児玉次郎彦が俗論派（幕府への恭順を主張）によって惨殺されたため、とても貧しい生活を送らざるを得なかった（翌年、長州本藩の藩論が倒幕でまとまったため次郎彦の罪は許されている）。その心の痛みが、支配を受ける民族の痛みに寄り添える情を育んでいたのかも知れない。この児玉源太郎という故郷の偉人の存在を、筆者は、恥ずかしながら還暦を過ぎて、台湾の人たちから教わった。それでは、どういう経緯で台湾の人から教わる機会を得たのかを、以下に述べてみよう。

現在の勤務先である山口大学に平成27年4月に開設された国際総合科学部は、地域のグローバル化に寄与できる「タフな精神性を携えたグローバル人材」を養成することを目的にしており、そのために定員100名全員を1年間の交換留学に送り込むことを目標に掲げている。そこで筆者に、送り先の提携校を世界中に確保するというミッションが下された訳だ。このトム・クルーズに下された「ミッション・インポッシブル」並みの困難性の中で、一条の光を見出したのが親日台湾だった。

グローバル人材にとって英語の能力はマストだが、その次に需要が高いのは圧倒的に中国語である(日本の最大の貿易相手国は、アメリカから中国に移行して久しい)。故に、国際総合科学部生の交換留学先としては、素晴らしい英語教育体制が確立されており(おおかたの台湾の大学生は実践的な英語を話す)、加えて、中国全土で通ずる標準中国語も同時に学べる台湾を戦略的に重視している。ちなみに、平成28年度の秋から第一期生が交換留学に旅立ったが、28名が台湾留学を選択した。もちろん、国別では断トツの1位である。以上のような状況を構築するため、5年前から幾つかの台湾の大学と「交流協定」を結ぶべく交渉してきたわけだが、その過程で、ある台湾の大学人から、台湾の英雄・児玉源太郎の話を聞いたのであった。その瞬間、筆者の思春期のターニングポイントとなった「児玉公園」、「児玉町」と台湾とがしっかりと結びついた。加えて、東京出張の際、市ヶ谷薬王寺町付近の目的地に赴くまでにいつも通る「児玉坂通り」も、児玉源太郎の住居があったことに由来すると知るに至った。

それまでは、毎日の散歩コースに在りながら、「児玉」という地名の由来について思いを巡らすことなど、一度もなかった。それがいまでは、必ず散歩途中で「児玉神社」に立ち寄り、祈りを捧げる。神社の入口には、李登揮元台湾総統から送られた「浩氣長存」（英雄の精神よ、永遠なれの意）の言葉が刻まれた石碑が建っ

ている。台湾の民主化に尽力したこの大物政治家は、日本の統治が、特に児玉源太郎総督時代の統治が、台湾を現在の繁栄へと導く基礎となったことをはっきりと認識していて、自書『新・台湾人の主張』に、「第四代の台湾総督・児玉源太郎が民政長官の後藤新平を伴って赴任した1898年頃から、台湾開発が大いに進展するようになる」[2]と明記している。また、「児玉翁こそ台湾の大恩人」[3]とも語ったと言う。児玉の偉業を称えて大正14年に「児玉神社」の境内に植えられた台湾五葉松の幼木は、現在は老木となっているが、ゆったりとした時間の流れの中で日本の土に馴染み、辺りの景色に溶け込んでいる（道路拡張案によって伐採が計画されたとき、時の黒神直久市長は断固伐採を許可しなかったというエピソードも残っている。このエピソードを知っていれば、あの道路にはみ出した五葉松を「邪魔だな」と思うドライバーは激減すると確信する）。児玉次郎彦とともに暗殺された「徳山七士（河田佳蔵、本城清、江村彦之進、浅見安之丞、信田作太夫、井上唯一）の碑」も市内遠石から児玉町に移築された。そして、「児玉公園」内に建てられた児玉源太郎の銅像（国立台湾博物館が所蔵する新海竹太郎作の像を元に制作され、2011年に設置された[4]）が、少年少女たちの遊ぶさまを、今日も見守っている。児玉翁は、いつも「徳山の児玉」[5]と名のる程郷土を愛していたと言う。児玉翁が徳山の自宅の藤棚にちなんで、自身の号を「藤園」としていたことにも、その証を見て取れよう。

本書では、第1章で、台湾の今をスケッチすることから始めて、第2章で、台湾の歴史を概説している。台湾の人々の思考を日本人として理解するには、日台関係への正しい歴史認識が不可欠ゆえ、日台史を中心に据えている。もちろん、台湾の人々が好むと好まざるとに関わらず常に意識せざるを得ない中台関係の史実へも言及している。そして、これら二つの国際政治関係における重要な史実を扱った台湾映画を紹介し、日本と中国との間で複雑に絡まった台湾史をできるだけ分かりやすく提示しようと試みた。さらに、第3章で、同じように日本が統治した韓国が徹底した反日を貫いているのに対して、台湾の人々が今のように親日な理由を、児玉源太郎を基点に考察してみた。そうすると、児玉だけでなく、明治政府のかじ取りの一翼を担った長州人脈が大いに台湾の近代化に貢献したことが分かってくる。この視点からなら、長州支藩・岩国藩の下級武士の末裔として、筆者がアドヴァンテイジを有することもあるだろう。２０１２年に台湾で実施された世論調査によると、「世界で最も好きな国はどこか」との問いに、41％の台湾人が日本と答えている。「世界で最も親しみのある国はどこか」との問いにも、74％の台湾人が日本と答えている。台湾にこれ程の親日感情を齎した原点が、長州人脈によって形成されたことを、一人でも多くの人に知って貰いたい（もっと正直に言えば、山口県民にもっともっと知って貰いたい）。

第4章は、常に大国の利害関係の中で揺り動かされつつも、自らのアイデンティティーをしっかりと見極めようとする21世紀台湾の意識再構築への方向性を、著者と同郷である酒井充子映画監督の『台湾人生』を中心に捉え、台湾の人々へのインタヴューも交えて探ろうと試みた。

第5章は、筆者の専攻分野である「音楽社会学」（music sociology）の見地から、台湾のポップスシーンを概観している。日本ではアジアのポップスと言えばK-POPが人気だが、台湾のポップスも勝るとも劣らない質と量を誇る。特に、本書では、台湾の少数民族の音楽に焦点を当てている。少数民族の音楽と言えば、伝統を守り、現代音楽とは距離を置こうとするのが常だが、台湾の少数民族の音楽の中には、他のいかなる台湾の音楽よりもモダンなテイストを孕んでいるものが多く、ジャズ、R&B、ヒップホップ、フォーク、ロックの要素をも身に纏い、クールかつエキサイティングな音楽シーンを形成している。

幅広い音楽性で台湾を代表する男性シンガー周杰倫（Jay Chou）、台湾版ノラ・ジョーンズともいうべきスモーキー・ヴォイスの持ち主の王若琳（Joanna Wang）、アラサーながら国民的アイドルの地位を保つ安心亞（Amber An）らに伍して、ジャズ色の強い少数民族グループの昊恩家家（Hao-en & Jiajia）、ボサノヴァとエスニックテイストの融合が素晴らしい先住民アミ族出身の女性シンガーソングライター以莉高露（Ilid Kaolo）、同じくアミ族出身で、モデル並みのスタイルと高い歌唱力が売りの黃麗玲（A-Lin）、台東の先住民プユマ族の出身で、R&Bをはじめとしたブラックミュージックを自身の音楽性のルーツに持つ張恵妹（通称阿妹 A-Mei）、そして「唯一無二」の個性を誇る紀曉君（Samingad：プユマ語で「一つしかないもの」の意）らが、台湾ポップスシーンの牽引役を果たしている。台湾の先住民音楽には、他にも数えきれない程のアーティストがひしめき合って多士済々だ。日本の音楽ファンにも是非一度聞いて貰って、台湾ポップスの素晴らしさを知って欲しい。この章が、そのインフルエンサー的役割を担えるならば、これ程嬉しいことはない。

台北MRT忠孝新生駅近くの「華山1914文化創意產業園区」内にあるCDショップ「風潮音楽」は、先住民族音楽を多く扱っている店（音楽制作を手掛ける『ウインド・ミュージック』の旗艦店）で、視聴してからCDを買えるので、とても有り難い。お店にいるというより自分だけのミュージック・ライブラリーにいるような気分にさせてくれる不思議な空間だ。その心地よさの中で、ゆったりとした時間を過ごせる。筆者は、都合さえ許せば、開店から閉店までいても飽きることはない。好きな音楽を好きなだけ吟味し、笑顔とともに持ち帰れる場所だ。ちなみに、どのスタッフも例外なくとても感じがよい。

この章で紹介した音楽は、できるだけ普遍性を持たせようと努力はしたが、台湾への思いは人一倍でも、いかんせんそこに在住経験のない者が、短い滞在期間の合間を縫って足で稼いだ情報量を通しての紹介である。ここから漏れている素晴らしい台湾の大衆音楽も必ずあるはずだ。そこは、読者の寛容さを賜りたい。しかし、これから台湾の音楽を聴いてみようと思う人へのガイダンスくらいにはなっていると自負する。

現在は、台湾の鴻海が日本のシャープを吸収してしまう時代だ。反対に、セブンイレブン、ファミリーマートを中心に日本のコンビニは、完全に台湾に根づいたし、吉野家の牛丼は、味にうるさい台湾人の胃袋にも受け入れられた。ユニクロ、無印良品は、台湾の若者のファッションスタイルを変えた。２０１１年の調査では、日本は、台湾にとっ

て最大の輸入先であり、台湾への投資件数もトップであり、台湾にとって世界で2番目の貿易相手国である。一方台湾は、日本にとって4番目の貿易相手国である。

文化面に目を向けてみると、ディーン・フジオカという日本人でありながら台湾で芸能界での基盤を作り、日本・台湾両国のエンターテイメント界で活躍するアーティストも出現した。福山雅治は、2013年の紅白歌合戦に台湾からの中継ライブで参加した。そして翌2014年には台湾の親善大使に任命されて台湾観光局のプロモーションCM"Time for Taiwan"(台北迪化街で撮影)にも起用され、日本における台湾のイメージアップに貢献した(現在は木村拓哉が引き継いでいる)。加えて、日本名を名乗る台湾人アイドルや台湾名を名乗る日本人アイドルも登場してきた。また、「カワイイ」は、いまや日台共通語彙だ。日本のサブカルチャー好きの若者が集まる台北・西門町では、この言葉が飛び交っている。

このように、21世紀の日台関係は、政治・経済・文化など、いろんな分野でボーダーレス時代にすでに突入している。日本も台湾も漢字を使用していることが、両者間の精神的壁を一層低くしてくれているようにも見える。

ちなみに、筆者の台湾での楽しみの一つに、街中の看板に書かれた漢字の意味を、あれこれと推測してみることがある。中国語を正確に解さない者の特権?だ。台中市内のある看板に「網珈琲店」とあった。何の店かといろいろ考えて、やっとピンと来た。「ネットカフェ！」、筆者はそう叫んだ。すかさず、タクシーの隣に座っていた逢甲大学の教授が「ピンポン！」（彼は日本での留学経験があり、こなれた日本語を話す）。筆者が「どや顔」で満面の笑みを湛えたのは言うまでもない。

政治・経済から文化に渡る一連の日台交流の傍らで、台湾人の尽きない日本への興味と平行して、日本人の台湾への無知主義がいまだ存在する（かく言う筆者もつい5年前まで、その一人だった）。本書は、その平行線をたどる二本の線を、いつの日にか、交わらせたいと願う一心から書いたものである。台湾は、美食を求めてでかけていくだけでは勿体ないところなのだ。

「日本が好き（like）」ではなく、「中国より日本の方が好き（prefer ～ to……）」という比較論的親日感情（台湾の親日感情は、日本人の思っている程単純ではない）の中で、日本と中国との間で振り回された忌まわしい過去を少しずつ癒しつつ、しっかりと未来を見据えようとする南の島のことを、日本人はもっと知るべきである。台湾と台湾人の表層から深層へと日本人の関心と理解は深まるべきだ。それは、悲しい歴史を乗り越えて、言いたいこともぐっと呑み込んで、それでも親日でいてくれる「世界一の親日国台湾」に対して、日本人として示すべき礼儀であろう。

日本と台湾の関係が増々密になれば、領海問題や歴史認識問題などのセンシティヴな課題を抱える東アジアの政治・経済の安定に、必ずや何らかの貢献ができるはずだ。まずは台湾をもっともっと理解することから始めてみよう！

第1章 台湾スケッチ

1－1．「美麗島」と呼ばれる風光明媚な島

台湾は、古来より「美麗島」(Beautiful Ireland あるいは Ilha Formosa) と呼ばれてきた。その名に相応しく自然が豊かで風光明媚な島である。人を圧倒するというより、人を癒すのが台湾の景色の特徴だ。台湾の財閥と言えば長栄グループを思い起こす人が少なくないだろう。英語名は「エヴァーグリーン・グループ」、それは台湾の自然豊かな緑を含意している。

島の北端は、日本の八重山列島より北に位置する。だから、南の島と言っても冬がある。特に台北の冬の寒さは、日によっては日本と変わらない。しかし、島の南端からバジー海峡を少し南に下れば、もうフィリピンである。台湾は、中南部の嘉義を通過する北回帰線を境にして、北は亜熱帯、南は熱帯に属する島で、その大きさは九州とほぼ同じである。そこに、人懐っこく心優しい2千300万人の人々が住んでいる。

北部の台北と南部の高雄を結ぶ台湾高速鉄道（略称 高鐵）が2007年に完成し、国内移動は大変楽になった。台北・高雄間を87分で移動できる（従来の縦貫線では4時間を要していた）ので、日帰り出張も余裕で可能だ。日本の新幹線車両（700T型）が導入されており、日本の新幹線技術初の海外輸出であった。

台湾の経済は、20世紀後半に急速な成長を成し遂げ、工業化も進んだ。そして、21世紀に入った現在、世界第21位の経済規模を有する先進国となった。外貨保有高は世界第4位、国際競争力は11位（日本は24位）である。

特にコンピューター産業は、世界経済において重要な役割を担っている。パソコンのマザーボードのシェアは世界一を誇る。ASUS（華碩）、GIGABYTE（技嘉科技）、Micro-Star International（微星科技）、AOpen Inc.（建碁股份有限公司）などが代表的企業である。さらに、台湾資本として最多である１２０万人のグループ従業員数を誇るFoxconn（鴻海精密工業）、世界シェア第2位のパソコンメーカー Acer Incorporated（宏碁股份有限公司）、台湾最大の液晶パネルメーカーである AU Optronics Corp（友達光電股份有限公司）、ノートパソコンの製造で世界一の Quanta Computer（広達電脳）、世界的スマートフォンメーカーの High Tech Computer（宏達国際電子）、世界最大の電源装置メーカー Delta Electronics（台達電子工業）などの企業が群雄割拠し、台湾の世界的知名度の向上に寄与している。大前研一は、ＩＴ関連事業について、以下のように評して、台湾のＩＴ産業の実力を認めている。

アメリカのシリコンバレーで起業してＩＰＯ（新規株式公開）まで持っていった台

湾人は大勢いる。（中略）ちなみに中国本土から渡ってシリコンバレーで成功した中国人は一人もいないし、ＩＰＯまで持っていった日本人もいない。1

加えて、華僑ネットワークを駆使したグローバル展開も台湾の強みである。アメリカや日本で注文を取り、中国やベトナムで製造させる戦略は、この華僑ネットを利用している。そして、その華僑のルーツは「客家人」（中国最初の華僑）に辿れる。「客家人」は、商行為に長け、独自の文化と歴史を有し、東洋のユダヤ人とも称される。李登輝元総統、蔡英文新総統のルーツも「客家」に辿ることできると言う。

なお、台湾では有能な人材程起業を志す傾向が強い。この点は、中国におけるヴェンチャービジネス指向の高さと類似性を有する。漢民族の血がそうさせるのかも知れないし、アメリカの影響があるのかも知れない。個人主義に徹しているのだが、反面過酷な競争主義の中で、社会道徳面ではほころびを見せることも少なくない。競り勝つためには手段を選ばない傾向があるのだ。ダイナミックな動きを見せる社会に共通する悩みを、台湾経済も抱えている。光が強ければ強い程影も深くなるのは、中国とアメリカに似ている。日本のように、グレーゾーンの存在に価値観を見出す文化は、そこにはない。

中国経済から一定の距離を置き台湾経済の自立を目指す主張が根強くある一方で、世界一の経済市場を持つ中国経済に寄り添い、中国との協力体制のもとで発展を遂げていこうとする勢力も存在する。２０１０年に台湾と中国の間で締結された両岸経済協力協議（ECFA）もその延長線上で捉えることができよう。２０１６年5月20日に2期8年の任期を終えて退任した馬英九前総統（国民党）は、対中国融和路線と経済重視を掲げて治世を行った。緊張と対立が続いた両岸関係（中台関係）を改善して成し遂げた関係修復は、評価できる点もあり、退任にあたって馬氏が述べた「両岸関係を（１９４９年の中台分断以来）最も平和で安定した状態にさせた」[2]とする言葉は、あながち我田引水とは言えない。また、中国の習近平国家主席との首脳会談をシンガポールで実現させ、馬英九前総統は、中国寄りの政治スタンスを鮮明にした。

１-２．広がる中国への警戒心

こうした中国寄りの政策の成果として、中国人観光客の受け入れは、２００８年の33万人から２０１５年には４１８万人（同年の日本への中国からの観光客は約５００万人）に伸びた。ちなみに、中国人観光客の「爆買い」（「大人買い」という言葉に軽蔑の含意はないが「爆買い」には少なからずある）は、少し失速気味とは言え、彼らの興味の対象が台湾の「食」や「宿」にシフトしており、彼らが齎す経済効果は、今後も台湾経済を一定程度潤すことは間違いない。

しかし、その一方で、巨大な中国にやがて統合されてしまうのではないかという警戒心が、民衆の間で、特に若年層の間で募った。対中ビジネスの恩恵が一部の富裕層に偏っているという不公平感がその警戒心を一層助長し、大学生の深刻な就職難がそれをさらに煽るかたちとなった。そんな状況で、「ひまわり学生運動」という改革の灯がともった。2013年に中台間で締結された「サービス貿易協定」（サービス貿易部門の中台間の自由貿易協定）の不平等性に対する不満に端を発し、学生たちの立法院占拠にまで発展した。

その裏には、中国の呪縛から解き放たれて、台湾人として自立した行政府を持ちたいという若者たちの切なる願いが潜在していた。彼らは、中国が祖国だとは夢にも思わないような「天然独」（生まれながらの台湾独立派）と呼ばれる若者たちだ。これに対して、法理論的に言って台湾は独立国であるとする「法台独」という考え方を主張する大人たちもいる（後に詳述）。

蔡英文現総統（民進党）は、そうした政治の構造改革と台湾人としてのアイデンティティー確立を願う層の票を取り込んで念願の当選を果たした。ちなみに、蔡総統の母方の祖母は台湾先住民族パイワン族である。また、あまり知られていないが、蔡総統の改革のロールモデルは、萩・松下村塾発の明治維新であるらしく、それ故、総統選前、山口を訪れたりもしている。彼女は、最近出版された自書の序文で、以下のように言っている。

19世紀の日本では、明治維新の志士たちが、何があろうと根本から国家を改造するのだという大志を抱き、日本の近代化を推し進め、新しい日本をつくりだしました。[3]

加えて、彼女は、日本との間では対話路線を指向している。彼女は、馬英九前政権が日本の沖ノ鳥島の「排他的経済水域」(EEZ)に派遣していた巡視船を早急に引き揚げさせると発言した。そして、日本と台湾が漁業など海洋協力について話し合う「日台海洋事務協力対話」を設立すると発表した。親中姿勢を前面に打ちだしていた前政権に比べて、現政権は、少なくとも日本との対決ではなく対話を望んでいるようだ。

そんな蔡英文女史の支持母体の一翼を担った台湾大学生たちは、自分のスペックを上げ、過酷な就職活動を少しでも有利に戦うために、在学期間中に1年間の海外交換留学にでる者が多い。

なお、一般的に言って、理系の方が文系より優秀と見做される。これには、理系の大学で科目を取れば、徴兵制が免除されるという優遇政策が影響しているとも考えられる。文系は自由奔放で遊び好き、理系は不器用であか抜けないが勤勉というステレオタイプが存在する。また、師範大学（教育大学）の学生は、苦学生が比較的多く、頑張り屋の学生が多いとされる（これはステレオタイプではなく、概ね本当のように思う）。台北市の国立台湾大学が理系も文系も一流と見做され、理系では新竹市の国立清華大学、台南市の国立成功大学、文系では台北市の国立台湾師範大学、新北市淡水の淡江大学の評価が高い。

1-3．日本文化とアメリカ文化の影響

その大学生たちの留学先は日本とアメリカが人気を二分している。博士号も日本とアメリカの学位の社会的評価が高い。アメリカの影響力の強さは、アメリカがベトナム戦争の際の物資調達を台湾で行い、それが「台湾の奇跡」と呼ばれた経済成長に繋がったゆえだと思われる。

外来文化についても日本文化とアメリカ文化の影響が強い。日本文化に関しては、日本統治を経験している古い世代には、演歌、日本酒、武士道などの伝統的な日本文化が

残存している。新しい世代には、J-POP、漫画、アニメ、テレビゲーム、ファッションなどの日本のサブカルチャー人気が高い。日本のサブカルチャーに傾倒する台湾の若者層を指す「哈日族」という言葉も生まれた。台北の西門町は、「哈日族」の聖地となって久しい。ちなみに、台湾語で「哈」とは、「メチャクチャ好き」という意味だ。

しかし、最近では、K-POP、韓流映画、韓流ファッションなどの韓国サブカルチャーの進出が目覚ましく、西門町で日韓の熾烈なポップカルチャー戦争が繰り広げられている。加えて、忘れてならないのは、台湾エンターテイメント業界は、地理的にも近い香港と強い関係性を保持してきたことだ。台湾で生まれて香港で活躍する映画スターや歌手を沢山輩出してきたし、その逆もしかりであった。金城武のように、台湾生まれで日本国籍を持ち、台湾、香港、中国、日本をまたにかけて活躍する俳優もいる。

それでも、日本が圧倒的な優位性を誇る分野がある。アダルトビデオ業界だ。日本製ビデオは、コンテンツ・クォリティーが高いと台湾の好事家たちは声を揃える。女優のクォリティーだろうか、演技(?)のクォリティーだろうか? この辺りの分析は、専門家に任せよう。筆者のアマチュア的感覚では、蒼井そらの中国本土での異常人気も考慮すると、漢民族は大和撫子が好みなのだという結論に辿り着く。性格が強い漢民族の女性に辟易気味の漢民族の男性は、男性に尽くすタイプだとされる大和撫子に癒しを求めているのかも知れない。実際には、そういうタイプの日本人女性は絶滅して久しく、もうとっくに神話の領域なのだが、中国と台湾ではいまだ実話として信じられている.まあ、それはそれでよい。ことさらに真実を伝えて、夢を壊す必要はないのだ。

アメリカ文化に関しては、若い世代の支持率が高く、世界中の若者たちと同じで、ヒップホップ音楽やストリート・ファッションに見られるように黒人文化の影響が強い。象徴としてのマイケル・ジャクソンは、台湾の若者たちの間では伝説的な存在だ。また、台湾はバスケットボールが盛んであるが、その人気もアメリカ文化を貪欲に吸収しようとする心根の表出だと言えよう。加えて、マグドナルドは、いついっても若者たちで溢れかえっている。

台湾人は、英語名を持っている。自分で名前をつけたり、両親につけても貰ったり、ときには学校の先生につけて貰ったりする。筆者の感覚では、女性の方が男性より英語名を持つ割合が高いように思う（確かな統計資料は有さない）。これは、アメリカ文化への憧れと、日本よりグローバル化が進んでいることによるだろう。また、日本人にとっても欧米人にとっても、英語名のほうが中国名より発音しやすいので、英語名をつけていれば名前を早く覚えてもらえるというプラグマティズムも働いていよう。

1-4. 台湾の飲食文化

台湾は、外食文化指向が強いことでは、アジア一であろう。夕食は屋台でとるのが一般的で、夜市の屋台は、家族連れの姿が多く見られる。屋台で一家団欒を楽しんでいる風景は、東アジア的というより東南アジア的だ。台湾の夜市は、香港のように人々がひしめき合う猥雑さとも、ソウルのように競って掘り出し物を見つけようとする熱気とも違った、そぞろ歩きをしてみたくなるようなゆったり感がある（人が混雑してきてもこのゆったり感が消失しないのは不思議だ）。

日本にも進出した台湾料理店の「鼎泰豊」台北本店は、小籠包を求める客でいついっても行列ができている。この料理店の売りは、味だけでなくその接客姿勢にもある。テーブルの世話係は必ず胸に使用外国語の国旗をつけており、それを見て客は自身の使用言語でオーダーできる。接客教育も行き届いていて、とても気持ちよいサービスを受けることができる。さらに言えば、みんな美人ぞろいで、美貌も採用時の重要要件らしい。「鼎泰豊」チェーンは、台湾の伝統を保ちつつも、グローバル・スタンダードのサービスを目指そうとしているのだ。

また、台湾のお土産で断トツの人気を誇るのがパイナップルケーキだ。パイナップルと聞けばもっと南の島のトロピカルな果実というイメージだが、中文では「鳳梨」。明時代と清時代との狭間に中国本土から台湾南部に持ち込まれ、台南、高雄、南投地域が主産地となって現在に至る。そんなわけで、台湾のパイナップルケーキは、中国から吹いてくるオリエンタルな風を感じながら賞味したい。そうすると、美味に貿易風の味がトッピングされ、至福の時間を堪能して貰えよう。

このように、台湾の食に魅了されている筆者だが、ただ、臭豆腐だけは、どうしても受けつけない。異文化受容の重要性を、学生にいつも強調している筆者だが、自身の胃と鼻は、まだまだグローバル化されてないと痛感する次第……。

それともう一つ、台湾の飲食で忘れてはならないのが、台湾人のお茶へのこだわりだ。それは日本人のお茶へのこだわりの比ではない。台湾人の好む中国茶と言えば、烏龍茶、包種茶、ジャスミンティーが代表的だ。

台湾の烏龍茶は、茶色ではなく金色で、何度たてようとも香りと味わいが落ちない。台湾経験の豊富なライターの亜洲奈みづほは、「その味わいは、単なる味覚にとどまらず、しんと沈思するように、胸の内まで染み入り、しみじみと脳髄にまで広がる。この陶酔は、人によってはアルコールをも凌ぐのではなかろうか」[4]と、自書に記している。

かつては精製された茶葉がコットン紙に包まれていたことから包種茶と呼ばれる緑色

のお茶は、台湾の緑豊かな自然に馴染む。烏龍茶のような芳香や薬膳的効能はないが、いくら長時間浸していても渋みが出ない、人を和ませてくれる軽やかさとまろやかさが特徴だ。

ジャスミンティーは、脂っぽい台湾料理には欠かせないダイエット効果を持つ。台湾で暮らす日本人には、嗜好品というより必需品である。ジャスミンと言えば、その名の通り、欧米産のお茶というイメージだが、かつて日本に輸入されていたジャスミンティーのほとんどは台湾産だったと言う。中正記念堂駅近くの「忘言軒」は、ジャスミンティーがおいしい店として有名である。清時代にジャスミンの花が中国に伝わったとき、北京から南部にお茶を買いだしに訪れた茶商がこの花に着目したのが、中華圏でのジャスミンティー文化の始まりだとされる。「忘言軒」でジャスミンティーを嗜めば、文字通り「言葉を忘れてしまう」チャイニーズフレーバーが鼻先と喉元を流れていく。その店の名は、「得意忘言」という荘子の教えの一つから転じた故事成語に由来し、悟りを得て言葉が必要なくなる場所という意味だ。

台湾は現在、カフェ文化が若い人たちを中心に花盛りだ。パリなどのヨーロッパのカフェ文化にチャーニーズ・テイストをブレンドした台湾のカフェは、若者のレトロ嗜好を背景に、古い建物をリノベーションしたお店がお洒落な空間を提供しているのがトレンドだ。台北の旧酒造工場をリノベーションした文化エリア「華山1914文化創意産業園区」や煙草工場をリノベーションした「松山文創園区」にいけば、そうしたカフェの梯子ができる。「故宮博物院」（世界四大博物館の一つ）館内の茶房「三希堂」も心和む空間だ。また、レトロな街並みにマッチしたカフェが軒を連ねるようになった九份は、宮崎駿監督が『千と千尋の神隠し』の着想を得た場所だという噂が広まって、日本人観光客が多く訪れるスポットとなっている。台湾映画『悲情城市』で、宴のシーンに登場した茶房「小上海」に入ってみると、悠久の時を刻むかのような木目の調度家具が、ちょっとくたびれた紅色の紙ちょうちんと相俟って、「時間の不可逆性」を無視して過去へ誘ってくれるかのようだ。

また、台湾では、カフェとアートが融合した茶芸館も流行っている。若者に人気の雑誌『台北WALKER』でも、茶芸館が特集されたりする。そこには、碁、カードゲーム、占いなどの娯楽が楽しめるカフェや青空市場と融合したオープンカフェ（四四南村が代表的）から、手すき紙工房カフェ、ガラス工房カ

©台北カフェ・ストーリー

フェ、書店カフェ（「誠品書店」がその文化の発信地）、庭園カフェ、アートカフェ、音楽カフェなど芸術との融合を目指すカフェまで、バラエティに富むカフェが紹介されている。

映画『台北カフェストーリー』は、店に集う客が物々交換をするカフェを舞台とし、そこでいつしか恋も芽生えるというストーリーで、台湾の今どきの若者のライフスタイルとカフェ文化を垣間見るには、格好の作品だ。ちなみに台湾では、若者たちの「将来の夢」を聞いたアンケート調査において、第1位は、「カフェを開くこと」だったそうだ。

1－5．台湾のライブ・シーン

筆者は、一国の音楽文化を語る上で、ネットでのダウンロード数やＣＤの売り上げといった音楽市場規模よりも、どんなライブ・シーンが形成されているかの方が重要だと思う輩だ。コンピューター操作で楽曲が自在に作れる昨今では余計にそう思う。アーティストの力量は、ライブで如何にオーディエンスを満足させるかで測るのが王道だろう。

台北のライブハウス・シーンには、東京のBLUE NOTEやCOTTON CLUBのようなハイクラスなものはないし、ソウルの「ホンデ」のようなライブハウスが密集し熱気でむせ返る地区（最近はカフェ文化に押され気味）があるわけでもない。しかし、東京やソウルが忘れてしまった、音楽好きな仲間が集まって、何とか音楽で飯が食えたらいいなと夢見る磁場は、そこら中にある。雰囲気としては、1970年代の吉祥寺や高円寺といった中央線沿線のプリミティヴなライブハウス・シーンに近い。

「華山1914文化創意産業園区」のLEGACYは、元再製造酒の作業場を改装しているので、柱もなくライブ会場としては理想的な空間となっている。PAシステムは最新の機材を導入しており、音にうるさいコアなファンの耳にも耐え得ると思う。収容人数は台北一を誇っている。MRT公館駅近くのTHE WALLは、台北のライブハウス・シーンをリードする存在と言っても過言ではなかろう。メジャーなアーティストのライブを提供するときもあれば、新進気鋭の将来性豊かなバンドやシンガーをラインナップするときもある。同じ公館駅周辺では、作家・村上春樹の本のタイトル『海辺のカフカ』に由来するカフェ「海邊的卡夫卡藝文空間」が穴場的存在。オーナーは村上春樹のファンで、台湾で有名なロックバンド1976のメンバーでもある。MRT西門駅周辺では、西門紅樓展演館内「河岸留言」が、歴史を感じさせる建物の中にあるライブハウスとして人気を博しており、出演アーティストのレベルも申し分ない。台中では SOUND Live House、台南では「老拓音樂餐廳」、高雄ではオープンしたばかりの

LIVE WAREHOUSEがお薦めだ。ここに紹介したライブハウスの選出基準は、観光旅行ついでにでもいき易いアクセス性の良さと、必ず一定の満足感を与えてくれるだろうパフォーマンスの質だ。もちろん、この他にも、いいライブハウスは沢山ある。

台湾映画『夢の向こう側』は、インディーズっぽい自分たちの殻（音楽状況）を突き抜けて、メジャー・シーンに殴り込みをかけようとする青春映画だ。その過程で、得るものと失うものとのバランスを取ってバンド活動を継続していくことが如何に難しいかを描き切っている。日本で定期的にライブ活動を展開しているヴォーカル役のヴァネス・ウー、DJや俳優として活躍するエリック・トゥー、ロックバンドTENSIONのメンバーで映画監督兼俳優としても知られるジミー・ハン、自ら作詞・作曲・プロデュースを手掛けるディーン・フジオカらは、映画に使用されている楽曲群を一緒に仕上げたと言う。それだけに、映画に挿入された演奏シーンは、ストーリーを忘れて見入ってしまう程の出来栄えになっている。音楽的完成度の高い作品だ。

以上のように、台湾は、その経済規模、人々の政治への関心度、独自文化の成熟度などの点から言って、完全に一つの国家の体を成している。だから、台湾は正式な国名として中華民国を名乗っている。憲法もある。ニュー台湾ドルという通貨もある。それなりの軍隊も有している。そして何より、「中華民国」と印字された緑色（フォルモサの自然を象徴する色）のパスポートは世界で通用している。それなのに、中華人民共和国（中国）は、台湾を国と認めておらず、台湾を中国の一省と見做している。しかし、地方自治体としての「中華人民共和国の台湾省」は、仮想空間に過ぎない。全国人民大会（全人代）にある「台湾省代表」の空席が台湾省の存在を主張する、世界で唯一の実態だと言える。

日本を代表するホテルで、台湾からの要人を団体で受け入れたとき、台湾の国旗である青天白日満地紅旗を掲げた。その際、中国側から「台湾は国ではないから、国旗も存在しない」との抗議があったらしい。日本においても中国の「中華人民共和国が唯一の認知された国家」という中華思想を思い知らされるのだから、台湾における中国の圧力の強さは容易に想像できる。

日本は、台湾を植民地化しながら、1945年、太平洋戦争（大東亜戦争という言葉は現在使われない傾向にある）に敗れたとき、台湾を切り捨てた。その後日本は、入れ替わりに台湾に逃れてきた蔣介石率いる中華民国と国交を結んだが、1972年、中華人民共和国と国交正常化を行い、中華民国と断交し、再び台湾を切り捨てた。こうした日本の二度の裏切りにも拘らず、台湾は、その目覚ましい経済発展と見事に成し遂げた民主化が齎した余裕によって、2017年現在、日本とは過去最高の友好関係にある。

その「今の台湾を生きる人々」を一文でラフ・スケッチしてみると、「台湾人は、絶妙のバランス感覚で日中と巧みに対峙し、複雑な政治的トライアングル構造の中で、常に『自分たちはいったい何者なのか』、あるいは『自分たちの国家が世界から認知されるには、この先いか程のさらなる道のりを歩まなければならないのか』と自問自答を繰り返しつつ、日々の暮らしを送っている」となろうか……。

李登輝元総統は、彼の前の蔣経国総統も彼の次の馬英九総統（ともに外省人・日本敗戦後、蔣介石国民党の一員として渡台した人々の末裔）も、自分のような本省人（国民党支配以前から台湾に暮らしていた漢民族）も、「等しく台湾人なのだ」と力説した。

第2章 台湾歴史概説

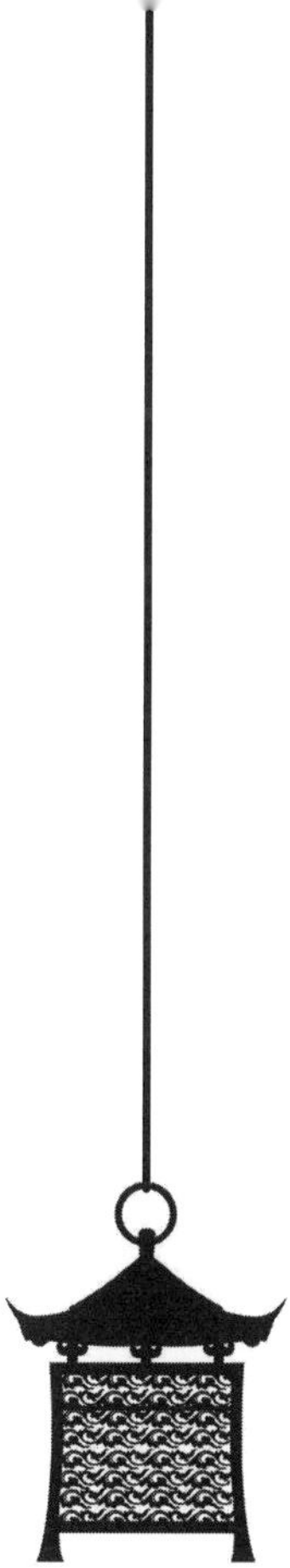

本章では、台湾史を語る上で（特に日台史を語る上で）、必要に応じて、歴史の一片を切り取った台湾映画を紹介している。そのアプローチは、他国の侵略を受け、複雑な歴史構造と国家構造を抱え込まざるを得なかった台湾人の心底を、できるだけ分かり易くするために採用したものである。野嶋剛『認識・TAIWAN・電影：映画で知る台湾』の冒頭には、以下のように書かれている。

日本の隣人でありながら、いまひとつ、どんなところか明確な像がつかめない台湾を知りたいなら、まずは映画を見て欲しい、と言いたい。それぐらい、台湾映画には、台湾を知るためのヒントが無数に埋まっている。台湾を長く見つめてきた私なりに自信を持って言いたいのは、台湾社会そのものが、映画の中に、ばっちり鏡のように映しだされているのである。[1]

ここでの「台湾」を「韓国」に置き換えれば、まったく同じことが韓国映画についても言える。筆者は、韓国映画から韓国と韓国人を知る試みを『植民地時代から少女時代へ・反日と嫌韓を越えて』（２０１３）で行った。台湾映画の中に描かれた台湾と台湾人の分析なら、野島剛の著書に一日の長があると認めざるを得ない。それでも、本章のアプローチにささやかな優位性があるとすれば、歴史を時系列で概説し体系化していく過程で、その史実をヴィジュアルイメージできるような映画紹介を適材適所に配している点であろう。

2-1. オランダ統治時代

台湾島は、沖縄とフィリピンの間の東シナ海に浮かび、中国福建省と対峙している。その台湾島の先住民は、黒潮によって北上してきたマレー・ポリネシア系の人々である。そこへ福建省からの漢民族が渡来し、17世紀に入って以降、先住民は徐々に山間部に追いやられていった。現在、台湾の人々の大半は漢民族の血を引くが、その起源は、この頃の中国大陸からの移住に求められる。

ヨーロッパから最初に台湾に到達したのは、ポルトガル船であった。そのとき、ある船員が緑豊かな自然に感動して、「麗しの島」（Ilha Formosa）と叫んだことから、台湾の別称としてFormosaが誕生したとされる。ゆえに、今でもヨーロッパでは、この島をタイワンではなくフォルモサと呼ぶ場合が多いと言う。

台湾を最初に占有したのは、オランダの東インド会社（人類史上最初の株式会社）であった。東インド会社は、1624年、大員（現在の台南市周辺）を中心とした台湾島南部を制圧した。台南の発展の基礎が築かれたのはこの頃だ。よって、台湾でオランダ文化の名残を忍ぶには、台南の街を歩いてみるのが一番だろう。その城市（都市）を守った「熱蘭遮城」は、台湾発展の基点となった歴史的場所である。

一方、1626年頃には、すでにフィリピンを占領していたスペインが基隆付近に進出し、その後淡水をも占領し、台湾北部の開発に乗り出した。スペインの台湾北部への侵攻には、バジー海峡を挟むフィリピンの安全の確保と日本や中国との貿易をオランダに独占させたくないという意図があった。さりながら、1642年、東インド会社は、スペインの勢力拡大を食い止めようと進軍し、基隆を陥落させスペイン勢力を台湾から追い払うことに成功し、島全体を統治するに至った。

オランダが台湾に目をつけたのは、スペインと同じく日本や中国へ貿易船を出す中継基地に最適という地理的条件であったが、次第に台湾の気象条件にも目をつけ始めた。オランダ人は福建省、広東省沿岸部から大量の漢人移住民を労働力として募集し、彼らに土地開発を進めさせることでプランテーションの経営に乗り出そうとした。その際に台湾先住民がオランダ人を〝Tayouan〟（現地語で「来訪者」の意）と呼んだことから「台湾（Taiwan）」という名称が誕生したという説もある。温暖な気候を利用した農業を奨励し、サトウキビ栽培などで、東インド会社は、莫大な利益を上げた。

しかし、オランダの植民地政策は、他のヨーロッパ列強の統治と寸分とも違わず、搾取を繰り返す植民地経営の域をでなかった。ゆえに、現地人の反乱も絶えず、人心はオランダ植民地政府から離れていった。そして、1661年、明の鄭成功の攻撃を受け、翌年には要塞「熱蘭遮城」が陥落し、37年間のオランダ占領時代は幕を閉じた。

2-2. 明・鄭政権統治時代

明朝が滅亡した中国に、満州族の清が進出してきた。明朝の皇族・遺臣たちは、清への反抗を繰り返したが、力及ばず鎮圧されてしまった。最後まで反抗した鄭成功の軍勢は、巻き返しを図ろうと、反撃体制を整える拠点としての台湾に攻撃をしかけた。そして、上記のようにオランダを台湾から駆逐することに成功したのである。これにより、台湾に初めての漢民族の政権が誕生した。イギリスの史料では、鄭政権は「台湾王国」あるいは「フォルモサ王国」として表記されており、イギリスが鄭成功の息子鄭経に宛てた上書では「陛下（Your Majesty）」との呼称が使用されている。これらの史実から、当時、台湾が独立国として認知されていたことを窺い知ることができる。

鄭成功は、「反清復明」（清を倒し明を復活させること）を成すことなく世を去ったが、政権をオランダから取戻し、台湾における漢民族による初の政権を樹立したという点で、これまでずっと台湾人の精神的支柱であり、「開発始祖」としての尊敬を受けている。オランダ人の暴利を貪る支配に敵愾心を深めていた台湾人は、鄭成功の軍勢を歓迎したのであった。鄭政権は、台湾を「東都」（中国の東）と改名し、前出の「熱蘭遮城」を「安平城」と改称し、政権の居城とした。鄭成功は、初志を貫徹しようと最後まで「反清復明」を目指した。現在の台南市の中心部を歩けば、南国の眩しい太陽の光を受けて白さが際立つ勇ましい鄭成功像にでくわすだろう。

近松門左衛門によって人形浄瑠璃化され、歌舞伎としても人気を博した『国性爺合戦』は、「国性爺」と呼ばれた鄭成功が清との戦いに際し、江戸幕府に軍事的な支援を求めた様を題材にしたものだ。主人公・和藤内のモデルは、台湾の「開発始祖」なのである。ちなみに、当時の江戸幕府は、鄭成功の勝利が難しいと判断し、支援はしなかった。

武人として名を馳せた父に対して、息子の鄭経は、「東都」を「東寧」と改め、政治制度の改革や文教事業の推進によって本格的国づくりに貢献した。鄭政権によって建立された台南の「孔子廊」は、長らく台湾の最高学府であった。さらに、鄭経は、台南を基点に高雄、左営、新営、嘉義、北港、彰化、台中、新竹、桃園、台北、基隆、淡水と中央山脈の西側を開拓していった（西側に平野部が多いので開拓し易かったと推測される）。現在でも、台湾は、西部の方が発展しているが、それは、鄭政権が敷いた開発ルートに沿ったかたちとなっている。東部の中心都市は台東、花蓮、宜蘭などがある。

しかし、鄭政権は、重税を課したことで、民衆の期待を裏切り反発を招いた側面もあった。加えて、鄭政権は、「反清復明」の拠点として台湾を利用しようとしたのであり、初めから台湾の独立を目指して統治に勤しんだというわけではなかった。この意味で、真の民心を得た政権ではなかったとも言えよう。

対岸の清王朝から見れば、「反清復明」を国是とする鄭政権の存続を認めることはできなかった。そこで、鄭政権と和議を重ねつつも、いつかは政権を倒そうとする版図を描いていた。その和議は、中国国内を完全に制圧し安定した政権基盤を確立するまでの時間稼ぎであって、ようやく国内を掌握すると、すぐさま台湾の制圧に向けて動きだした。清は、鄭政権を武力で制圧するというより、むこう3年間の納税免除を約束したりして、民心を収攬する戦略にでた。鄭政権の酷政に不満を募らせていた民衆にとって、清から放たれる言葉は、魅力的に響いた。

こうした清朝遠征軍の執拗な人心攪乱戦法に翻弄され、1683年、鄭政権はついに降伏してしまう。鄭政権の第三代藩主鄭克塽は、満州王朝への服属を誓い、政権の財産目録を提出し、辮髪までして恭順の意を示した。こうして国土が荒らされることなく無血降伏が実現したことは、台湾の民衆にとっては救いであった。鄭一族による台湾統治は、僅か23年で終わりを告げた。

台南は、鄭成功が首府を置いて以来、清の統治を経て1885年に省都が台北に遷されるまで、約200年もの間、台湾の政治・経済・文化の中心となった。それだけに、近未来的都市台北とは異なる古都の佇まいを残す街並みである。その歴史性ゆえ、台湾第四の都市である台南は、よく日本の京都と比較される。筆者は、優雅で雅やかな京都に対して、台南は人懐っこくて生活の匂いがし、古さと新しさが絶妙の二層構造を形成しているところが魅力だと思う。台湾の人に言わせると、「台北はお金を稼ぐところで、台南は生活するところ」らしい。

2-3. 清朝統治時代

1683年に鄭政権を倒し台湾を制した清朝であったが、その政権は、反対勢力であった鄭氏政権を滅ぼすために台湾島を攻撃・制圧したのであって、実は、台湾島を領有・

統治することに積極的というわけではなかった。軍事上の観点から領有することを決定し、台湾に3県（台南、高雄、嘉義）を設置した上で、福建省の統治下に編入した。清朝は、台湾を「化外《けがい》の地」（中華文明に属さない土地の意）として軽んじ、特に、漢民族でない台湾先住民については、「化外の民」として、放置し続けた。それゆえ、台湾本島における初期清朝の統治範囲は、台湾本島全域に及ぶことはなかった。鄭政権に引き続き、台南に都を置き、南部及び中部を中心に統治しようとした。それでも、開発の最前線は、前政権のルートを踏む形で南部から徐々に北上し、19世紀には台北付近まで開発が進んだ。

台湾の悲劇は、オランダの植民地主義、さらには明と清の間の政権争いに島が翻弄され続けたことであった。植民地の近代化を進めつつ、その近代化の恩恵を本国の利益に繋げようとする建設的政権に恵まれなかった。開発から得られた利益は搾取というかたちで吸い上げられただけだった。ヨーロッパの侵略合戦及び傲慢な中華思想の犠牲者となり続けてきた小さな南の島の民の苦難は、当事者にしかわからない宿命的な痛みを伴っていただろう。

清朝政権時代を通して、政府が厳しく制限をかけたにも拘らず、対岸の福建省、広東省から多くの漢民族が台湾へ移住（あるいは密航）した。肥沃な大地が広がる台湾は、人口過剰に悩む福建省、広東省の人々にとって、まさに希望に満ちた「約束の地」だった。16世紀に始まりこの時期の大挙したエクソダスまでに台湾へ移住してきた漢民族の子孫は、前述したように「本省人」と呼ばれる。これに対し、1949年、中国本土を追われるかたちで国民党政権とともに台湾にやってきた人たちとその子孫は、これも前述通り「外省人」と呼ばれる。この「本省人」と「外省人」の省籍問題は、台湾人には微妙な問題を孕むが、現在の台湾を語る上でも避けては通れない問題なので、後にも折に触れて言及することになる。

19世紀半ばになると、欧州列強諸国が台湾に強い関心を示していることに清政府も気を配り始める。そこで清王朝は、台湾の重要性をやっと認識するようになり、積極的統治に取り組もうとする。しかし、清朝の勢力は急激に衰えており、1858年の天津条約において、清は列強諸国に淡水、基隆、安平、打狗（現在の高雄）の各港を開港せざるを得なくなる。

日本も明治維新後富国強兵に努め、さらには国外へ進出するという野心を抱き始めていた。その急先鋒として、フランス生まれのアメリカ人チャールズ・ウィリアム・ジョセフ・エミール・ルジャンドルを外務省顧問に起用した。以下は、ルジャンドルが日本政府に提出した建言書からの引用である。

> 北は樺太より南は台湾に至る一連の列島を領有して、支那大陸を半月型に包囲し、さらに、朝鮮と満州に足場を持つにあらざれば、帝国の安全を保障し、東亜の時局を制御することはできぬ。[2]

この建言は、日本政府に強い影響を与え、さらに、後の日本帝国主義及び植民地主義の根本理念までに連なっていく。そしてその理念に沿って、欧州列強に伍し東亜圏における勢力争いに参戦していったのである（本書の冒頭で、少年たちの夢の具現者の出自を列挙した理由は、ここに源泉を辿れる）。

そうした状況の中で、東シナ海ののど元に位置し、軍事・海洋的に重要な台湾を支配下に治めることの意味を欧州列強に追随するかたちで日本も強く認識するようになる。そこで、脅威を感じた清は、国防上の視点から台湾の防衛強化に一層腐心するようになり、１８８５年には台湾を福建省から解放して台湾省を設置するに至る。１８８７年、基隆・台北間に鉄道を敷設するなどして物資輸送網を充実させようとしたのも、列強諸国及び日本の侵攻に備えようとする政策の一部であった。

しかし、間もなく朝鮮半島の支配権をめぐって、日清戦争（１８９４－１８９５）が勃発してしまう。日本は、明治維新後、近代化を推し進めるには海外の資源が不可欠と考え、対岸の大陸及び半島への進出（進出先から言えば侵略）を実行に移していった。そして、ロシアの南下を恐れた日本は、それを食い止めようと朝鮮へ兵を送り込んだ。そのため、朝鮮を属国と見做す清との対立が激しくなった。

そうした戦況の中で、朝鮮で東学党の乱（農民一揆）が起こった。その乱を制圧するための援軍を送るという美名のもとに日本軍は出兵した。同時に清も朝鮮の要請に応じて出兵した。その甲斐あって乱は治まったが、日本軍、清軍はその後も撤兵せず、それがもとで日本と清の間で戦いの火蓋が切って落とされたのであった。したがって、日清戦争と言っても、戦争の火種を作り、戦場となり国土が荒廃したのは、韓半島だった。

2-4. 日本統治時代

〔下関講和条約〕

日清戦争に勝利した日本は、1895年4月17日に伊藤博文（長州藩出身：内閣総理大臣）と李鴻章（全権大使）の間で締結された「下関講和条約」により台湾を清から割譲された（長州の地が台湾の運命に深く関わる舞台となった）。このことにより日本は、初めて海外植民地を統治する「帝国」となった。その日本への台湾割譲に対し、台湾政府も人民も戸惑いを隠せなかった。台湾にはまったくの隠密裏に行われたことなので、まさに「寝耳に水」であった。いくら小国の政府や民の心などにかまうことのない帝国主義全盛の時代とは言え、台湾と台湾人にとって、2,000キロも離れた土地での戦争が、なぜ台湾割譲に結びつくのか、理解しろという方が無理な注文だった。加えて、「下関講和条約」では台湾と同じく日本への割譲対象となっていた遼東半島（中国遼寧省南部で朝鮮半島に隣接）が、朝鮮の独立が有名無実のものとなることを懸念した三国干渉（フランス、ドイツ帝国、ロシア帝国による「下関講和条約」に対する干渉）によって割譲を免れたので、余計に不条理感は募った。さらに、先祖代々築き上げてきた漢民族文化が、異民族（大和民族）によって崩されるのは耐え難かった。

そこで、講和条約締結の翌日、台湾は割譲に反対し、徹底抗戦を清国政府に伝えた。しかし、清国政府はこれを無視し、正式に日本への台湾割譲を通告した。その通告文の中には、「台湾の割譲はやむにやまれぬことで、台湾も重要だが、京師（北京）と比べれば軽い。また、台湾は海外の孤島であり、守り抜くことはできない」[3]とあった。

［台湾民主国の誕生と消滅］

上記の通告に、台湾住民が落胆に暮れたのは想像に難くない。中国の新聞に当時の台湾人の戸惑いと怒りが込められた文が掲載されている。

痛ましいかなわが台民、これより大清国の民たるを得ざるなり。わが大清国皇帝かつてわが台民を棄てんや。（中略）わが台民いくところなく憤りもらすところなく、列祖の霊に呼号するにあたわず、ひとしく死なり。[4]

こうした不満がうごめく中で、「台湾才子」の誉れ高い邱逢甲は、台湾独立の意向を、中国から台湾巡撫（知事）として赴任していた唐景崧に伝えた。そして、台湾の日本への割譲を阻止しようと動いていたフランス政府に期待をかけた。5月19日にはフランスの軍艦が台湾に到着し、艦長と清国のパリ駐在公使館参事官の経歴を持つ陳季同との間で、話し合いが持たれた。その会談では、台湾が独立すれば、フランスは保護もしくは武力介入で、日本への台湾割譲を阻止する可能性にまで話は及んだとされる。こうした根回しを経て、5月23日、「台湾民主国独立宣言」が布告された。ここに、アジア最初の共和国が誕生したのであった。

その民主国の総統には、清国の官僚であり少し前まで台湾を統治していた唐景崧が就いたが、彼は最初から逃げ腰であった。中国から台湾に赴任した他の官僚と同様に、保身しか考えていなかった。唐景崧は、巡撫の地位を利用して、講和条約締結の直後に公金を上海に送金しており、用意周到に逃亡の準備をしていた。日本軍が上陸して間もない6月4日、台北を離れ、日本軍が基隆を占領した翌々日には、淡水から中国・厦門に逃げ去った。

日本政府は5月8日には近衛師団を台湾に派遣し、5月10日、初代台湾総督に樺山資紀が就任した。彼は、日本軍の基隆占領と同時に台湾に入った。そして、6月17日には、台北で台湾総督府始政式が行われ、19日には南下が始まった。この台湾征伐は「乙未戦争」と呼ばれている。

台湾中東部及び南部の武装住民の抵抗は予想以上に激しく、台東では、先住民戦闘員700名と移住民とが義勇軍を結成し日本軍と戦った。特筆すべきは、先住民と移住民という長年対立してきた両者が結託して共同戦線を張ったことであった。それだけ、台湾独立への希求が切実だったと言えるであろう。新開の台北の住民は、台湾への帰属意識が固まっていなかったが、開発が先行した中部及び南部の住民は、台湾への帰属意識がすでに固まっており、台湾民主国への期待も高かった。それゆえに、日本軍への抵抗も激しかった。日本軍がようやく台南に入ったのは、10月21日のことであった。

それからおよそ1ヵ月後の11月18日、日本の大本営に全島平定が正式に報告された。日本側の戦死者は、164人、マラリアなどによる病死者は4,642人に及んだ。女性・子供も戦線に参加した台湾側は、戦士と住民あわせて約14,000人が死亡したと推定されている。

こうした台湾人の日本軍への反抗の強さの背景には、台北を荒らすだけ荒らして大陸本土に逃げ帰った中国系島人が、帰国前、日本人は野蛮で横暴な民族だと触れ回ったことで、台湾人が日本人を異常に警戒していた、という説もある。

それでも、この抗戦を通じて、これまで国家への帰属意識より民族への帰属意識が勝ってきた台湾の人々の中に「台湾人」としての意識が生まれたことは、将来へのかすかな希望であった。台湾の自立という見果てぬ夢の具現であった台湾民主国は、僅か148日で泡沫の夢として消え去り、台湾の歴史に痛哭の足跡を残している。しかし、台湾の人々の間では、この148日間は、民族の誇りとして、あるいは心の拠り所として記憶され、語り継がれている。それを象徴するかの如く、当時発行された台湾民主国切手は、現在、収集家の間で大変な高値がついていると言う。

【映画『一八九五』】

以上に述べた「乙末戦争」を描いた台湾映画が『一八九五』である。原作は客家人作家李喬の『情帰大地』で、進駐してきた日本軍に対して義兵将として立ち上がった客家人呉湯興にスポットを当てた実録映画だ。呉湯興は、邱逢甲と唐景崧が中国本土に逃げ帰った後も、抗日ゲリラ戦を戦った勇士である。日本軍側については、近衛師団長北白川宮能久親王と共に台湾の土を踏んだ陸軍軍医森林太郎（後の森鴎外）にスポットが当てられている。彼の視点の導入こそが、韓国や中国の反日映画と一線を画す台湾映画たる所以だ。日本人役は、北白川宮にモデル兼タレントの日比野玲、森林太郎に台湾で日本人タレントとして活躍する貴島功一朗がキャスティングされている。

日本軍は、基隆から台北までは粛々と進軍し、そのまま南下できるかに思えたが、「客家人」の多く

住む桃園、新竹にさしかかると義勇軍がゲリラ戦を挑んできて、多くの犠牲者がでた。しかし、客家義勇軍側も食糧不足で容易な状況ではない。しかも3ヵ月持ち堪えてくれたら援軍を送ると言い残して去ってしまった邱逢甲からの連絡は、途絶えたままだ。台南に残っていた清軍に要請した物資補給もいつになるか見当もつかない。そんな中にあってもホーロー族(福建省からの移民で広東省からの移民である「客家」と合わせて「本省人」とも呼ばれる)や先住民サンシャット族などが義勇軍に加わり、抵抗を続けていく。

ゲリラ戦に苦しむ日本軍は、疲弊が著しくなり、苦し紛れに民間人、義勇軍を見境なく皆殺しにする作戦にうってでる。国際的にも非難を浴びたその残忍さの中で、良心の呵責に苛まれる森林太郎の視点から惨状が描かれていく。そして、ついに義勇軍は、根城である八卦山に日本軍を誘き寄せ、嘉義の町を死守する決戦を決意する。呉湯興は、決戦を前にして、家族に別れを告げるつもりで、一時帰宅する……。

『一八九五』は、日本軍が台湾上陸当初、自国の領地となる台湾を祖国愛の延長線上で捉えて救世主たるべく進軍する姿を淡々と伝えている。しかし、その日本軍が戦況に翻弄され、本来の人間性を自ら壊し非道な行動を為す悪人へと変わりゆく様をリアルに描いた点がこの映画の本質だ。日本人である筆者が言うのも説得力に欠けようが、戦場の兵士の心理状態とは、理性の枠を超えた一種の狂気だと想像した方が、この映画で伝えられる日本軍の変貌と残虐・非道な行為に説明がつくのかも知れない。

映画『一八九五』は、派手な戦闘シーンを売りにしたエンターテイメント映画ではなく、忘れられてはならない史実を台湾映画史にしっかりと残しておこうとする強い意志のもとに制作されたドキュメンタリー・タッチの映画である。映画のエンドロールに参考文献が出てくる点から、この映画の何たるかを窺うことができる。『一八九五』は、我々日本人が意図的に継承しなかった歴史的事実を銀幕の上で教唆してくれている。

[土匪・先住民族の抵抗]

初代台湾総督樺山資紀（薩摩藩出身）の仕事は、台湾人の武力抵抗を制圧することに終始した。皮肉にも、樺山が「イマヤ全島全ク平定ニ帰ス」と大本営に報告した直後から、全島各地でゲリラ活動が活発になったのであった。日本軍を自らの縄張りを荒らす存在と見做した箇大獅や陳秋菊らの土匪《どひ》（ゲリラ勢力）が台北を奪還しようとして襲撃し、台湾全島に震撼が走った。樺山総督は、本国に援軍を要請し、その援軍と共に戦い、数千の土匪を殺戮しようやく反乱を鎮圧した。

しかし、抗日戦線はそれで完全に治まったわけではなかった。非劇は1896年元旦に起こった。台北郊外に設けられた「芝山巌学堂」を基点に、日本の台湾総督府から命を受け、台湾人に近代教育を施していた6人の学務官僚がいた。楫取道明、関口長太郎、中島長吉、桂金太郎、井原順之助、平井数馬である。「芝山巌学堂」の6人は、寝食を忘れて教育に勤しみ、その献身ぶりは、地元住人たちの高い信頼を得ていた。

新年の挨拶に台湾総督府に向かおうとしていた彼らは、途中で土匪たちの襲撃に遭ってしまう。この直前、住民たちは、土匪の不穏な動きを伝えて総督府いきを止めていたと言う（ここらあたりに、住民たちと学務官僚との信頼関係を垣間見ることができる）。しかし、6名の教師は、逆に土匪たちを諭すと主張し、「もし命を落とすことがあっても、教育とは何か、そして、教育に携わることとは何かを伝えることができる」[5]と言い放った。教育者のはしくれに位置する筆者から見れば、言葉を失うほどの崇高な姿勢である。この6人の学務官僚が行った教育は僅か半年足らずであったが、彼らの死が日本へ伝わると、6名は「六士先生」と尊敬の念をこめて呼ばれるようになった。

こうした反日抗争は、1896年春頃には一応の落ち着きを見せ、反抗は下火になったかに思えた。そこで、1896年4月1日、大本営は役目を終え、解散に至った（それは非常に甘い状況判断のもとに為された決断だった）。台湾人の日本軍への抗戦に明け暮れた樺山総督にとって、その解散が在任1年間あまりの最後の仕事となった。

現在の台湾に樺山がその名を留めているのは、樺山の名に由来する台北の樺山町（中正区の北東部にあたる）が、第二次大戦後北京語で同じ発音の「華山」に改称されて現在の華山地区に至っていることであろう。

第二代台湾総督の桂太郎は、長州藩士馬廻役桂輿一右衛門の嫡男として生まれた。後に日本の首相も務めた。その台湾総督在任期間は、1896年6月から10月と非常に短かった。しかし、桂が台湾総督の就任した直後、雲林地方において、台湾史上最大の武装蜂起が起こった。「乙未戦争」において義勇軍を率いていた総勢千余人の義勇兵が、大平頂の土匪・柯鉄のもとに集まり、抗日戦を挑んだ。抗日軍は、日本の台湾守備混成第二師団の駐屯する斗六を攻撃し、支庁前の日本商店を襲った。この蜂起に対し、日本軍は一連隊を派遣した。雲林支庁長の松村雄之進はその連隊を率いて、「雲林管下に良民なし」と称し、一般市民と抗日軍との見極めなしに無差別報復した。これによって4,000戸を上回る民家が焼き払われ、無数の住民が殺戮された。この報復行為により、日本軍に対する反感は一層高まり、住民も抗日義勇軍側に加担するようになり、各地に蜂起の連鎖を引き起こし、日本軍は北斗と大甫林で思いもしなかった敗北を喫してしまう。一時期、彰化以南より大甫林まで、日本人が一人もいない状態にまで至った。

すぐに日本軍は勢力を回復したが、この事件は国際的に報道され、日本軍は国際社会からの痛烈な批判を浴びた。松村雄之進には懲戒免官位階勲などの剥奪処分が下され、さらに天皇・皇后より三千円、総督府より約二万円の救済金が雲林支庁に支給され、雲林の3,595戸に平均五円の見舞金が支給された。加えて、事態の収拾に当たった民政局内務部長古荘嘉門は、当時の日本軍が台湾人に対し軽蔑するような言葉を吐いたり、言葉が通じないことによって調べもせず無差別に報復したことなどを糾弾し、台湾駐在の日本警察に対し、以下のことを通達した。

(1) 物品の使用には代金を払うこと。
(2) 台湾人に叱責や鞭打ちをしないこと。
(3) 台湾語を習得すること。
(4) 台湾の風俗習慣を尊重すること。
(5) 日本人商人の横暴や詐欺を取り締まること。
(6) 台湾人女性に猥褻行為をしないこと。
(7) 土匪だけでなく、日本人の犯罪も取り締まること。

尤もな通達だが、これが必要だったということ自体が、日本の初期統治に問題があった証拠であろう。

第三代台湾総督乃木希典は、長州支藩・長府藩士乃木希次の三男として、江戸の長州藩上屋敷に生まれた。明治政府の軍人として不平士族が起こした「秋月の乱」を鎮圧し、「西南の役」、「日清戦争」へと次々に従軍し、台湾民主国が独立を宣言したことを受けて、「乙未戦争」にも乗りだした。そして、翌1896年10月には、台湾総督に任ぜられた。彼に課せられたミッションは、台湾の治安確立であった。

戦場で指揮を執ることに明け暮れてきた乃木は、陸軍に出仕して以来、軍政というものに携わったことがなかった。乃木は、植民地行政を通して、初めて具体的な政治に関わることとなったのだ。それは、乃木にとって、全く手に余る難事であった。

乃木の台湾統治の熱意は、樺山、桂に比べて遥かに強く、母親を連れての赴任であった。乃木の土匪制圧策は、「三段警備」と称され、最も情勢が不穏な山間部を陸軍部隊と憲兵隊に、比較的安定している地域を憲兵隊と警察に、一応安定を保っている地域を警察に、それぞれ警備担当させた。流石に軍師乃木らしく、非常に合理的な戦略であった。また、宜蘭警察署長の「土匪招降策」を採用して、北部や中部の一部の土匪を無血降伏させたりもした。しかし、この二つの策を以ってしても、土匪の抵抗鎮圧には、左程の効果を得られなかった。それでも、総督府内部の官史の綱紀粛正に関しては、桂総督時代にだした粛清通達を土台にして、自ら範を示して実行し、一定の成果を挙げた。

このように、実直一途だった乃木将軍は現在、東京乃木坂の乃木神社に祀られている。皮肉にも、そこはアイドルグループ乃木坂46とそのファンのメッカとなっている。明治天皇への忠誠を全うし殉死した乃木は、多くの若者がつめかけるこの現象に何を思うのだろうか? 願わくば、時代の移り変わりの中での珍事として、遠くで微笑んでいて欲しい。

[児玉源太郎・後藤新平の台湾治世と土匪懐柔策]

台湾における日本の統治が功を奏し始めるのは、第四代台湾総督に児玉源太郎が就任してからである。彼は、長州支藩・徳山藩士児玉半九郎の長男として生まれている。1898年2月、台湾総督に就いた児玉源太郎は、日清戦争後、帰還兵の検疫体制を作り上げた際知り合った後藤新平を伴って台湾の土を踏む(この帰還兵の検疫体制は、当時のロンドンタイムスやヨーロッパの新聞各紙で報道され絶賛された)。最初にしたことは、「瘴癘(風土病)の地」として知られた台湾において、悪疫予防のために上下水道を完備し、主要道路を整備して深い側溝を作り、汚水雨水の排水精度を向上させたことだった。ほとんど近代都市の体を成していなかった台北の街を、大都市計画を実行し清潔な街に変えた。加えて、伝染病を抑えるために医学校を設立し、多くの台湾医師を養成した。この施政能力とセンスは、歴代台湾総督（19人）の中でも出色であった。

さらに、児玉は、人口の一割近くいたとされる阿片吸引者の撲滅を目指した。阿片吸引がオランダ統治時代から習慣化していた台湾において、これを厳しく取り締まっても激しい抵抗を受けることは明白であった。そこで、児玉は現実に即した方策を採った。まず、医師に阿片中毒者を特定させ、認定患者には通帳を発行し、指定薬局での阿片購入を許可した。ただ、この販売は政府の専売とし、高い税率を課し、阿片の有害性への教育も怠らなかった。そして、児玉の治世を信頼し始めていた台湾の人々は、自発的に阿片から逃れようと努力した。その結果、太平洋戦争が終わる頃までには、専売制度を廃止できるまでになっていた。

この二つの偉業の現場を仕切ったのは、児玉源太郎によって民政局長に抜擢された後藤新平であった。児玉源太郎が総督として行った偉業の技術面は、後藤新平に頼り切っていたのである。一方後藤は、計画を実行に移す政治力は、児玉に頼り切っていた。後藤の計画の優位性を理解できない軍部の反対は、児玉がその剛腕で抑えた。児玉・後藤のコンビは、絶妙なバランスを保った最強のタッグ・チームだったのである。

このタッグ・チームに乞われて台湾総督府民生局殖産課長の肩書で台湾に赴いたのが新渡戸稲造だった。新渡戸と言えば、日本最初の農学博士で、世界的な名著『武士道』の著者で国際連盟事務次長などの要職を歴任した、今日求められているグローバル人材のはしりのような人物である。この新渡戸に児玉・後藤は、台湾農業の将来を委ねようとしたのであった。新渡戸に宛てた後藤新平の電文は、学問で培った知識を実地の農業で生かさないでどうするのだと諭す内容であったと言う。その電文が、机上の学問ばかりを積んで、真に農業の発展のために寄与していないという忸怩たる思いがあった新渡戸の心を打った。一日も早い渡台を促す後藤の電文によって「武士道精神」を呼び覚まされた新渡戸は、持病を口実に決断を渋っていた自身の優柔不断さを恥じ、台湾に赴く決心をした。

新渡戸は、児玉に提出した意見書の中で、台湾が古来よりサトウキビ（甘蔗）栽培に適した土地であることに触れ、その品種改良、培養法の改良、灌漑、開墾などを具体的に論じた。児玉・後藤は、新渡戸の意見書の精巧さに感じ入り、新渡戸は児玉・後藤の気宇壮大な志に感じ入り、ここに強力な台湾トライアングルが形成された。台湾の製糖業は、新渡戸の着任時は約３５,０００トンの生産高であったが翌年には約５４,０００トンに伸びた。そして、翌々年には、新渡戸は京都帝国大学法科大学教授に就くため帰国した。しかし、台湾総督府臨時製糖局長は兼任のままであった。台湾農業の礎を築いた児玉、後藤、新渡戸の三人の熱意と功績は、いまなお、台湾の人々に語り継がれている。

過去三代の台湾総督が手を焼いた土匪の制圧に対しても、児玉・後藤のコンビは、独特の手法で現実的な対処をし、台湾の民から一定の信頼を得た。オランダ、明、清、そして日本と、台湾の民は、ずっと外国の支配を受けてきた（台湾民主国の148日間を除く）。その支配を特に嫌がったのは、国家の法より部族の掟を優先した少数民族や土匪であった。彼らは、部族の自治と誇りを脅かす支配は受け入れ難かった。ましてや、支配者が搾取を欲しいままにする政策をとるなら命がけの戦いも辞さなかった。不幸なことに、台湾を支配した政権は、例外なく搾取を繰り返したし、少数民族及び土匪を差別した。その都度、彼らは時の権力に徹底的に抗戦してきたのだった。

しかし、児玉政権は、法の外で生活する土匪に対してさえ、帰順の意志があれば自ら首領に会って諭し、帰順した者には過去の罪を免じ、道路整備などの仕事を与えたりした。土匪の心情を察すれば憐れむ面もあり、彼らの痛みも分からないではないというのが、児玉の変わらないスタンスであった。児玉は、その人道主義をもって、最も狂暴だと言われた前述の柯鉄集団の説得を試みた。そのときの児玉は、総督府にやってきた柯鉄を友人の如く迎えたと言われる。その民族差別など微塵も感じさせない人間的態度に心を打たれた柯鉄は、児玉を信頼できる人物と見込み帰順した。「柯鉄帰順」は、各地の土匪に伝わり、徐々に帰順する土匪の頭目が出始めた。台北の陳秋菊や東部の林火旺も投降した。すると、後藤はすかさず土匪の頭目の帰順式を開き、それを新聞に報じさせた。それ以後、台湾全土の土匪は雪崩をうって帰順するようになり、台湾の治安は安定した。児玉源太郎総督時代の1902年頃、台湾の抗日運動は一応の治まりを見せた。

児玉・後藤の統治は、台湾の民の視点に立った治世であった。二人の誠実な姿勢は、徐々に台湾人に伝わり、この時期、台湾の民は、台湾史上初めて支配勢力に対する信頼を芽生えさせた。そして、官民が心を一つにして近代化にテイクオフしようとしたのだ。

児玉源太郎総督の後は、同じく長州藩出身の佐久間左馬太が継いだ。佐久間は、高杉晋作によって結成された奇兵隊に入隊し、大村益次郎のもとで西洋兵学を学んだ。日本の台湾統治50年間を通して最長の9年間にわたって総督を務めた（次に長かったのは児玉の8年）。

在任期間を通して、いわゆる「理蕃事業」に取り組んだ（「理蕃」の「理」には、もともと「治める」の意味があり、「蕃」は先住民族を意味する）。児玉総督時代に、土匪及び平地先住民族（平埔族）の反抗はほぼ鎮静した。しかし、山地先住民は、支配権力が何を計画しようが関心はなく、ましてや服従とは無縁の存在であった。このような山地先住民の統治は、佐久間総督時代に本格化したと言える。「隘勇」と呼ばれた監視員を配し、加えて、山地先住民の居住区と移民及び平地先住民の居住区との境界線である「隘勇線」を延長し、山地先住民の居住区の面積を徐々に狭めていった。

また、佐久間が台湾総督を退任してから後の1923年に実現した昭和天皇の台湾訪問も、佐久間が総督時代に路線を敷いた先住民皇民化対策の成果だったと言ってもよいだろう。摂政宮裕仁親王として台湾神社を参拝した昭和天皇は、その際、先住民の名称を「蕃人」から「高砂族」に改めている。

佐久間総督は、「理蕃事業」だけでなく、市街地のインフラ整備、縦貫鉄道の全通、阿里山森林の伐採などに尽力した。

［霧社事件］

台湾総督は、初代の樺山資紀（1895～1896）から第七代明石元二郎（1918～1919）まで武官が務めた。抗日軍と戦いつつ治世していくには、軍部出身者でなければ任を全うできない必然性があった。しかし、その後は、文官が務めるようになっていった。それは、台湾の治安が安定してきた証拠でもあった。

総督府政権が採った同化政策が功を奏し始め、台湾の人々の中には、自分が日本人であるとさえ意識する人たちも増えていた。それでも、一部の山間部に住む先住民にとって、完全なる日本人への同化は受け入れ難かった。彼らにとって唯一無二の支配者は、生の糧を得るために駆け巡る山野、すなわち生かされている山間部の自然に他ならなかった。そこに、行き過ぎた強制労働、官憲の傍若無人な振る舞いなどが加わり、山間部先住民たちの不満が爆発した事件が起きてしまう。

１９３０年10月7日に吉村克己巡査が同僚を伴って移動中に、台中州能高郡霧社村（霧社という地名は、川の上流にあり、いつも霧におおわれていることに由来する。現在の南投県仁愛郷）で行われていた結婚式の酒宴の場を通りかかった。吉村巡査を宴に招き入れようと、霧社セデック族村落の一つマヘボ社の頭目モーナ・ルダオの長男タダオ・モーナが巡査の手を取ったところ、巡査はタダオの手に屠殺した豚の血がついていたことを嫌うあまりステッキでタダオを叩いた。侮辱を受けたと感じたタダオは巡査を殴打した。この小競り合いのような喧嘩が、前述した日本の官憲の横暴に対する先住民族の鬱積した感情に火をつけ、とうとう表面化してしまう。この事件は、「吉村巡査殴打事件」と称される。日本側とセデック族双方に緊張が走った。

台湾総督府の記した『霧社事件の顛末』には、この殴打事件が処罰の対象となることを恐れたモーナ・ルダオが、機先を制して暴挙への決心を固めたとあるが、事件の伏線には、総督府霧社分室が指揮した数々の建築工事における強制労働及び工事費用のピンハネがあったようだ。後に日本人研究者の手によって編纂された『霧社事件：台湾高砂族の蜂起』には、以下のように記されている。

霧社分室自身が、建築工事を直営するのは、警官が私服を肥やすための手段であったと見る立場も、おのずから生じ得よう。そうした中で、取り分の増加を狙って、ピンハネ、あるいは奴隷労働が強要されれば、不平不満が高まり、不穏な空気がそこに生じるのは、理の当然であった。[6]

1930年10月27日、民族の誇りを一身に背負ったモーナ・ルダオは、およそ300人の先住民を率いて、銃と弾薬を分室から奪い電話線を切断した後、小学校の運動会会場に乱入し、日本人約140人を殺害した。その後、警察駐在所、役所、官舎を襲撃した。当時の石原英蔵総督は、ただちに台湾軍司令官に軍隊の出動を要請、これに答えて、およそ800人の兵が出動した。加えて、武装警官隊と漢族系台湾人壮丁団（青年団）約2，700人が追加派遣された。討伐には爆撃機や催涙ガスも使用され、50余日の激しい戦いの末、ようやく乱は鎮圧された。首謀者モーナ・ルダオは、姉妹、妻、子供、孫などを含む婦女子17名とともに、事件発生から4日目に自殺したと報じられている。自分で死ねなかった3名は、モーナに銃殺を申し出て、モーナはこれを実行し、敵に首を取られるのを嫌い、小屋に火を放ち、自らも死んでいったと言われている。長男タダオ・モーナは、その後1ヵ月以上も山中で反日活動を続け、やがて追及が身辺に迫ったとき、同志とともに覚悟の死を遂げた。

日本の台湾統治が軌道に乗ってきたと自負し始めていたときにこの事件が起きただけに、総督府のショックは大きかった。また、山間部の先住民に対する日本語普及率は、平地部の漢民族系台湾人に対する普及率より高く、それは、高砂族同化教育の一つの成果であった。それゆえ、決起の中心メンバーに、「高砂族」出身ながら、総督府立台中師範学校を卒業し、警察官の経歴も有し、日本人に同化していたかに見えた「花岡一郎」、「二郎」（日本名）が連なっていたことには、衝撃が走った。二人は、当時の霧社では、「高砂族」きってのインテリであり、エリートであった。理蕃政策のシンボル的存在の離反は、理蕃政策の限界を露呈するかたちとなってしまった。逆に台湾側には、花岡一郎を真の反乱軍の首謀者と見做し、台湾の英雄に祭り上げようとする動きもあった。

加えて、首狩りの習性を持つセデック族によって、多くの日本人の首が獲られた事実も、日本側の恐怖を募らせた。そのような悪習は、台湾総督府の理蕃教育によって抑えたはずと考えられていた。なぜなら、理蕃教育の一環として、「高砂族」の頭目・勢力者を官費で日本観光させ、文明開化させる懐柔策まで取られていたからであった。実は、モーナ・ルダオも4ヵ月間、日本女性を同伴させて、内地を見せて回っていた。しかし、モーナの場合は、内地警察の丁寧な対応と山地警官の横暴ぶりが対比され、いつか機を捕えて反乱を起こそうとする気持ちが芽生えたとされる。帰国後モーナは、部族民を集めて、山地警察を倒す必要性を説いている。

総督府が先住民に近代文明を齎したのは紛れもない事実であったが、その一方で、先住民の誇りに対する配慮は不足していた。霧社事件は、日本統治に対する台湾における最後の主だった武力抵抗であり、時の総督は、その責任をとって辞職した。

反乱軍鎮圧後、反乱に加わり生き残ったセデック族（反抗蕃）を反乱に加わらなかったセデック族（味方蕃）が襲うというやりきれない程悲しい部落分断事件が起きている。これを第二霧社事件と呼ぶ。この事件は、警察側が、味方蕃を唆して反抗蕃を襲わせたという観測もあり、それを匂わせる証言もある。

この二つの事件は、日本でも忌々しきこととして話題になり、全国大衆党の衆議院議員であった河上丈太郎と河野蜜が訪台して事件を調査した。そして1931年6月の国会で、全国大衆党は、当時の台湾総督府の対応を批判した。昭和天皇までもが、事件の背後にある高砂族に対する日本人の蔑視の念に苦言を呈された。こうした国内批判を受けて、台湾総督府は、「高砂族」に対する政策を修正していった。

セデック反乱軍の生存者が移住した川中島は、稲作敵地であったため米作の普及が試みられ、農業生産性が著しく向上し、住民の生活は大きく改善された。また、天皇と国家に対する忠誠を示した者は、日本人同様に顕彰され手厚い補助があったので、太平洋戦争時の高砂義勇隊には、自ら志願して戦地で勇敢に戦った先住民が多くいた。一説によると、霧社事件での山岳戦でセデック族がとても強かったので、軍部が高砂義勇隊の創設を着想したとも言われる。こうした事例は、日本映画『サヨンの鐘』にも描かれ、皇民化教育の成果と謳われた。

台湾における日本統治をめぐる論争は、台湾史を中国史の一部と見做すのか、台湾は台湾自身の歴史を持つべきと考えるのかという、二つの異なる歴史観のどちらの立場をとるかによって、その評価は大きく揺れよう。中国史の一部という視点から日本統治を捉えると、日本統治の違法性、不法占拠性が強調され、「日拠」という言葉が使われる。逆に台湾史を中国史から切り離して考える視点に立てば、中立的なニュアンスの「日治」という言葉が使われる。台湾の教科書では、どちらも使われており、著者及び出版社の日本統治へのスタンスによって決まる感じがする。行政文書においては、馬英九前政権では「日拠」を使用していた。蔡英文現政権では「日治」を使用してくれることを期待するのだが……。

【映画『セデック・バレ』】

霧社事件を扱った魏徳聖監督の台湾映画『セデック・バレ』(「真の人」の意)は、反日映画というよりは、尊厳を傷つけられ、生きる場である山野を奪われた者たちの悲哀を描き切った映画である。もちろん、被支配者の気持ちを分かろうとしない日本人の傲慢ぶりは、少しデフォルメされたかたちで描かれていて、日本人として純粋に映画を楽しむという姿勢で観られる映画ではない。しかし、我々は、この映画から目を離してはいけないのだろう。他国を支配した者の末裔として、その歴史的事実を受け入れる姿勢は必要である。「日拠」の立場から書かれたこの映画は、当然ながら、当時の日本の皇民化教育に批判的な姿勢を今日まで一貫して崩さない中国で好評を博した。

セデック族は、誰からも支配されることなく故郷の山河で狩猟や農耕をして自由に暮らしていた。しかし日清戦争後、進駐してきた日本軍の監視のもとで、文明的な生活を強制される。セデック族の民は皆、文明を神と仰いではおらず自然を神と仰いでいるので、日々鬱屈した不満が高まっていた。セデックの民の価値観を尊重しつつ監視・指導する日本人監視官もいるが、多くは蔑視感情を露わにしてセデックの民に接している。そこに、警官へのリンチ事件がきっかけになって武装蜂起に繋がる。

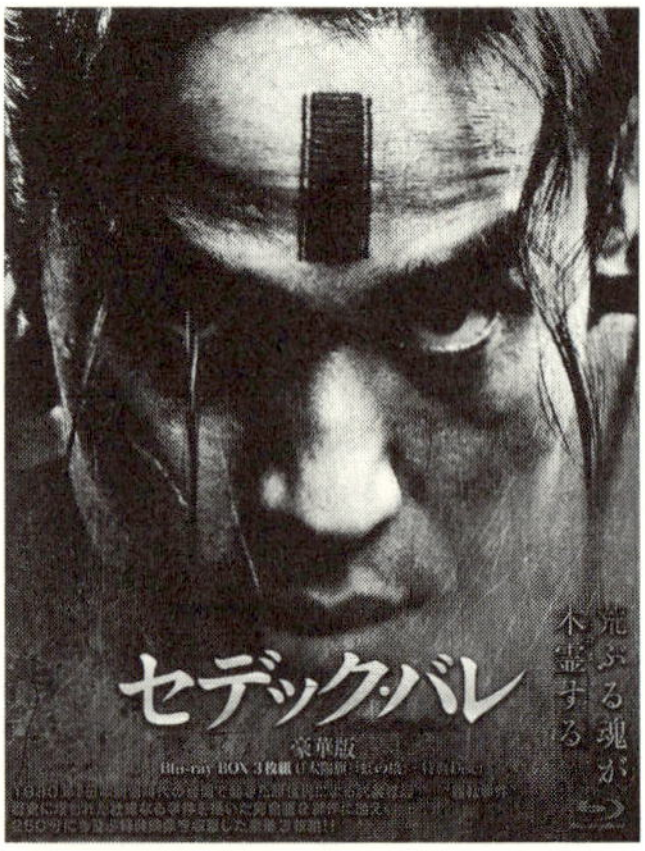

最初から勝利の見込みのない戦いではあっても、部族としての誇りを示すために立ち上がらなければならなかったモーナの頭目としての苦悩と苦渋の決断が、巧みな撮影手法で描写されていく。モーナの放った「文明が我々に服従を強いるなら、我々は野蛮の誇りを見せてやる」[7]、「我々は天皇の子か、セデックの子か」[8]、「お前は死んで日本の神社に入るのか、それとも故郷の墓か」[9]などの言葉が、日本人の筆者には、背負いきれない程重くのしかかる。日本人としては、歯を食いしばってでも「観ておかなければならない映画」であろう。そういう映画は、『セデック・バレ』だけでなく、アジアには他にも少なからず存在する。

映画のラストには、前述した「セデック族がとても強かったので、軍部が高砂義勇隊の創設を着想したとも言われる」という一文を彷彿とさせるシーンが挿入されている。日本軍の指揮者が、モーナの勇気と才気と戦略に敬意を表して、その死を悼んで霧社の山々を見上げる後ろ姿で映画は終わっている。

『セデック・バレ』は、台湾映画史上最高額となる7億台湾ドル（約25億円）をかけて制作された。コストを無視して映画としてのクォリティーを追求する傾向の強い魏徳聖監督らしい製作費だ。魏監督のこだわりにより映画は長大になり、『セデック・バレ：太陽旗』と『セデック・バレ：虹の橋』の上下二部作構成（合わせて約4時間半）となっている。また、約2時間半にまとめた『セデック・バレ：インターナショナル・ヴァージョン』も編集されている。史実を余すところなく伝えきっているのは上下二部作の方だが、若干冗長になっており、エンターテイメント性を考慮するとインターナショナル・ヴァージョンに軍配が上がるだろう。

セデック族は、２００８年、台湾政府によって、第14番目の台湾先住民族に認定された。ちなみに、同年6月に実施された人口調査では、台湾の先住民総人口は４８８,７７３人であり、台湾総人口の約2％を占める。残りは漢民族で本省人が85％（福建系70％、客家系15％）、外省人が13％である。

［映画『KANO 1931海の向こうの甲子園』］

セデック族の反乱がおこったのが1930年。しかし、その頃は、台湾での日本統治は安定し、親日的雰囲気が芽生え始めていた時期でもあった。そんな親日的社会情勢を高校野球というスポーツ文化を通して描いた映画が『KANO 1931海の向こうの甲子園』（以下『KANO』と表記）である。『KANO』は「日治」の立場から描かれた映画と言ってよい。

その頃の甲子園大会には、日本の植民地であった台湾、朝鮮、満州からもチームが派遣されていた。1920年前後から台湾では日本人化を推し進める同化政策が本格化していて、甲子園大会に植民地のチームが参加することは、本土との一体感形成のために役立つと日本政府は考えた。そこで、1923年に台湾で最初の全島中等学校野球大会が開催されているが、その後8年連続で台湾での大会を勝ち抜き甲子園大会に出場したのは、すべて台北を中心とした北部のチームだった。理由は、北部のチームには、

DVD発売中（本体3800円＋税／発売元:アニプレックス）©果子電影

日本人子弟が多く、彼らは野球経験が圧倒的に豊富だったからである。それでも、台湾チームは2回戦まで勝ち上がるのが限界であった。本土のチームとの力の差は歴然としていた。

そんな状況下、南部の嘉義農林チームが1931年の甲子園大会に出場し、旋風を巻き起こし、準優勝を勝ち取るに至る。「KANO」は嘉義農林の略称「嘉農」のローマ字表記であり、映画『KANO』は、弱小チーム「嘉農」が、日本人監督近藤兵太郎（元松山商業監督）によって日本の野球精神を注入され、そこで生まれた強い絆のもと、甲子園大会を勝ち上がっていく姿を描いた実録青春野球映画である。

野球は、明治初期に東京大学のアメリカ人講師ホーレス・ウィルソンによってもたらされたスポーツで、以後、日本の野球は、学生野球に導入された日本的精神野球がベースになり、発展を遂げた。「一球入魂」なる言葉（「学生野球の父」と呼ばれる飛田穂洲の言葉）がその精神を代表する。近藤監督の座右の銘であった「球は霊なり、霊正しからば球また正しい、霊正しからざれば球また正しからず」も、精神野球主義の延長線上で捉えてよいだろう。ただ近藤監督は、「千本ノック」などの精神を鍛える以外に意味のない指導法は採用せず、「野球はパーセンテージのスポーツだ」とする科学的な指導法を必要に応じて採用していた。この不器用だが合理主義を携えた昭和初期の野球人を永瀬正敏が好演している。

加えて、特筆すべきは、嘉義農林ナインの民族構成である。日本人（大和民族、内地人）、台湾人（漢民族、本省人）、高砂族（山地先住民族、蕃人）の三つの民族が揃った「三族共和」のチームが組まれ、民族の違いを乗り越えて一つになって戦っていくところが映画に感動を付与している。酒席でこの混成チームに差別的な発言をする町の有力者（日本人）に向かって近藤監督が一喝するシーンは、とてもインパクトがある。「野球に人種なんか関係ない！　蕃人は足が速く、漢人は打撃が強い、日本人は守備に長けている。（中略）あの子たちは必ず甲子園にいける」[10]と……。

辛い練習に耐え、台湾の代表チームになり、甲子園に出場し、旋風を巻き起こしつつ勝ち上がる嘉義農林に対して、作家の菊池寛は、「甲子園印象記・涙ぐましい三民族の協調」と題した文章をある紙面に提供している。

僕は嘉義農林が神奈川工業と戦つたときから、嘉義びいきになつた。内地人、本島人、高砂族という異なつた人種が同じ目的のために協同して努力しておるということが何となく涙ぐましい感じを起させる。実際、甲子園にきてみるとファンの大部分は嘉義びいきだ。優勝旗が中京に授与されたときと同じ位の拍手が嘉義に賞品が授与される

> ときに起こつたのでもわかる。ラヂオで聴いているとどんな獰猛な連中かと思うと決してさうでない、皆好個の青年である。そして初めて内地にきて戦つているせいか何となく遠慮深いところがあるやうだつた。[11]

いくら、政治的意図をもって形成された民族交流の場であっても、若者たちの純粋で外連味のない交流が作り出す磁場は、「政治の壁を文化の力で超える」具現であった。ちなみに、その頃野球評論家に転じていた飛田穂洲も嘉儀農林の奮闘ぶりを称賛した記事を新聞に載せている。

映画『KANO』の成功は、嘉義農林の地元嘉義でも、近藤監督の地元松山でも、モニュメントが作られるに至っている。嘉義は阿里山鉄道の基点になっている南部の中心都市で、中心部の噴水のあるロータリー（このロータリーは、映画の中では、台湾大会を勝ち抜いて甲子園出場を決めた凱旋パレードシーンに登場している）には、嘉義農林のエースだった「客家」出身の呉明捷のピッチングフォームをかたどった銅像が建てられている。老朽化の激しかった孫文の銅像を取り壊して設置されたと言う。一方、東京大学在学中にホーレス・ウィルソンから野球を教わり故郷の松山中学校に持ち帰った正岡子規の野球熱も相俟って、松山市の「坊ちゃんスタジアム」近くには、「球は霊なり」を記した大きなボールをかたどったモニュメントができた。除幕式に際しては、近藤兵太郎監督を演じた永瀬正敏も参加したと言う。

1945年、日本が太平洋戦争に敗れたとき、台湾は日本でなくなり、甲子園で台湾チームの姿を観ることはなくなったが、映画『KANO』は、日台関係にスポーツ文化が貢献した歴史的偉業を今に伝えてくれている。

驚くべきは、映画『KANO』は、映画『セデック・バレ』と同じ魏徳聖監督が撮った作品であることだ。『セデック・バレ』で中国での評価を上げた魏監督は、『KANO』では台湾の親中系メディアからの猛烈な批判を浴びた。映画『KANO』には、烏山頭ダム（嘉南大圳）を建設し、嘉南平野を台湾有数の穀倉地帯に変えた日本人が登場する。李登輝元総統が慶応大学での講演で、「台湾で最も愛されている日本人の一人」として学生たちへ紹介した八田與一である。それなのに、『中国時報』によれば、「映画『KANO』は、八田を日本植民地時代を美化する存在として過大評価している」と言うのだ。八田與一は、嘉南平野を水田に変えて日本に米を輸出しようとした、という論調である。

「利他即自利」を自身の人生哲学の礎におき、台湾を豊かな稲作地帯にすべく奮闘した八田の情熱を、こんな誹謗中傷で切り捨てるとは、心が痛み怒りさえ覚える。加えて、その中傷に、ある台湾の有名私立大学の副教授が擁護発言を行ったりするに至っては、呆れて開いた口が塞がらない。その副教授らから見れば、映画『KANO』は、日本に媚を売る「媚日」映画ということになる。台湾の利益が日本の利益に繋がるのは、決して悪いことでも何でもなくて、理想的植民地政策である。搾取ばかりの政策とは次元が違う高邁な精神の上に為された政策であったのだ。

そのような批判はさておき、日本統治時代の台湾をスクエアな立ち位置から描こうとする魏徳聖監督の地に足の着いたアプローチに、懐の深さを感ずる。彼の作る映画をめぐって、台湾社会は右へ左へと激しく揺れる。彼の作品群は、微妙な問題を孕む日台史を、映画を媒体にして様々な角度から伝えることで、彼の映画を観る台湾人には、自らのアイデンティティー確立を問いかけ、彼の映画を観る日本人には、他国に翻弄され続けた台湾人の心底を考えたことがあるのか、と問いかけているように思われる。魏徳聖監督は、李登輝元総統との対談で、日本人に対するメッセージを口にしている。

> かつて日本と台湾は同じ国だった。そして日本人と台湾人は、甲子園大会優勝という同じ目標を抱いたこともあった。そのことをいま、日本人に知って欲しいのです。[12]

魏徳聖は、映画『KANO』を通して、アメリカの「ベースボール」ではなく日本の

「野球」に夢を抱き、その「学生野球精神」から多くを学ぼうとした台湾の若者の姿を伝えた。それにより、大陸にばかり気を配る昨今の日本人と日本政府の心的スタンスに、一石を投じたかったのだ。彼は、こんなにも日本を敬う「台湾を国として公平に扱って欲しい」[13]と訴えたかったとも言っている。その思いは、日本映画界に伝わり、台湾映画としては異例の規模でプロモーションが展開され、多くの日本人が『KANO』を観た。

[太平洋戦時下の台湾統治]

1941年に太平洋戦争が始まると、日本の植民地であった台湾も、否応なしに戦時体制下に追いやられていった。その頃になると、台湾総督は、再び武官が務める後期武官総督時代になっていた。そして、台湾の「皇民化政策」が一層強化されていく。皇民化とは、文官総督時代の同化政策をさらに推し進め、台湾人を日本の天皇のもとに一体化させようとするもので、最終的には、台湾人をして進んで日本人として戦線に赴かせるための政策となった。

本来、日本政府は、台湾人に兵役の義務を課さなかった。しかし、戦線の拡大につれて、台湾人も、軍属や兵士として徴用され、前線に送られた。1942年に入ると「志願兵」の名のもと、「徴兵」が始まった。李登輝元総統の兄・李登欽も第一回目の志願兵となっている。それも、若妻と幼子を残しての出征であった。李登輝元総督は、兄の出征に対して、以下のように心底を吐露している。

「立派な帝国海兵としてお役に立つ」と語った兄の気持ちに偽りはなかったと思う。兄も私も本当に若かった。国のために立派に戦って死ぬという理想に燃えていた。しかし、理想と現実には大きな隔たりがあった。いま言えるのは、それだけである。[14]

筆者は、この文を読んで、台湾の「皇民化政策」がここまで浸透していたのかと驚き、そして李登輝元総統がぐっと呑み込んだ悔しさを思うと、日本人として衿を正して台湾と関わっていかなければならないと考えを新たにする。

こうして、太平洋戦争は、日本人だけでなく台湾人も巻き込んでいったのだ。そして、山間部先住民の軍隊「高砂義勇隊」は、最強義勇隊として名を馳せた。多くの台湾人たちは、自分を日本人だと信じ込んで、多くが天皇陛下のために命を差しだした。それを思うと、真珠湾攻撃を命令した暗号が「ニイタカヤマノボレ1208」だったことを思いだす。新高山（現在の玉山）は、日本統治時代、富士山に代って、日本で「新」しく一番「高」い「山」になった台湾島に聳える山だ。その山の名が太平洋戦争の口火を切る暗号に使用された事実こそが、皇民化が如何に台湾の山間部にまで浸透していたかを象徴していまいか……。

そして、1945年8月15日、日本の敗戦を告げる「玉音放送」が台湾にも流れた。しかし、多くの台湾人は、それが何を意味し、何を齎すのか、分かっていなかった。ほぼすべての台湾人は、日本の敗戦と同時に、日本国籍を失った。それゆえ、3万人以上の戦死者に加えて、負傷した台湾国籍の軍人・軍属も、戦後日本人なら当然受け取れたはずの補償を受け取れなかった。日本人になるために日本名に変え、日本語も覚え、何より日本を祖国と思い、その祖国に命を捧げた者が正当に弔われない状況下、生き残った台湾人が日本に裏切られたと思っても無理はなかった。また、日本の敗戦が台湾の中国返還を促すと直感した台湾人は、当時ほとんどいなかっただろう。加えて、それが現実のものとなって大陸から多くの中国軍人が進駐してきても、「昨日の敵国」が「明日の祖国」に変わったことによって齎される未来は、誰にも予想できなかった。

［終戦と日本人引き揚げ］

敗戦に伴い、在台湾の日本人の本土引き揚げが始まった。終戦時の在台湾日本人数は、軍人16万6,000人を含めて、約49万人であった。まずは、1946年2月に、軍人の引き揚げが完了した。一般人は、台湾の生活に馴染んでいたこと、台湾人が戦後も戦前と同じように接してくれたことなどの理由によって、約20万人が台湾に留まることを希望した。この残留希望の多さは、何を意味しているのだろう。日本統治時代、台湾人と日本人は、いろんな困難や納得いかない摩擦、あるいは誤解もあったろうが、基本的には、台湾人は日本人の誠実さや勤勉さにリスペクトを示し、日本人は台湾人の優しさや明るさに共感を示し、台湾の近代化と日本の富国化という二つの目標（一つの目標とも言える）のために、ともに血と汗と涙を流してきたことを意味しよう。そしてその結果、台湾での日本人の生活レベルは、日本でのそれに比して、若干ながら高かった。

しかし、台湾を接収した中国国民党政権は、日本人の残留を許さない方針を打ちだし、1946年4月20日、日本人の引き揚げを完了させる。引き揚げ者には、一人につき現金千円、帰途の食糧、それにリュック2袋分の必需品の持ち帰りが許されたのみであった。およそ半世紀をかけて築いてきた財産のほとんどを残しての帰国であった。台湾に残ることができたのは、国民党政権が必要とした専門職者約3万人弱のみであった。こうした一連の残務作業を指揮し終えた最後の台湾総督・安藤利吉は、その後戦犯として逮捕され、上海に連行されたが、そこで自決した。任務を全うした後の自害であった。1946年5月31日、勅令により台湾総督府は廃止され、日本の台湾統治史は終止符を打った。

【映画『海角七号、君思う、国境の南』】

台湾から日本人が否応なしに引き揚げる際、台湾人と日本人との辛い男女の別れも当然の如くあり、それぞれがストーリー性を持っていただろう。そんな時代の流れに翻弄された男女の別れの一つを、現代の台湾人男性と日本人女性の恋愛にオーバーラップさせた珠玉の映画が『海角七号、君思う、国境の南』（以下、『海角七号』と表記）であり、この作品も『セデック・バレ』、『KANO』と同じ魏徳聖監督である。制作年から言えば、この『海角七号』が一番早く2008年。興行収入は、台湾映画としては歴代最高の5億3000万台湾ドル（約20億円）を記録した。

日本統治時代、台湾最南端の町恒春に赴任した日本人教師中孝介は、教え子の台湾人女性梁文音（日本人名小島友子）と恋に落ちる。しかし、日本の敗戦で、孝介は日本へ引き揚げなければならなくなり、友子を台湾に残して日本への帰還船に乗ってしまう。そしてその船上で毎日友子に手紙を書き続け、それらを台湾へ送ったはずだったが、孝介の恋文は、混乱の中でことごとく友子に届かず、60年の歳月が過ぎてしまう。

そうした背景があって、舞台は60年後の現在に戻される。台北でミュージシャンとしての成功を追い求めていた主人公の阿嘉は、夢破れ故郷の恒春に帰る決心をする。バイクに跨り、夕日を背景に台北を離れていくシーンは、とても印象的だ。1960年代アメリカ「対抗文化」（the counterculture）の若者たちの生態を描いた映画『イージーライダー』を彷彿とさせてくれる。主演のピーター・フォンダが、時間に支配される都市社会の象徴である腕時計を路肩に投げ捨てて、砂漠のハイウェイにバイクで乗りだしていくシーンに、阿嘉が愛用していたギターを電柱に叩きつけ、「台北、死んじまえ！」[15]と叫び、バイクを始動させるシーンがオーバーラップしてしまった。

台湾では移動手段としてバイクが一般的だが、安価で便利という機能性に加えて、バイクが反権力、反台北の象徴になっているようだ。このシーンに限らず、台湾映画の中では、若者が一人で、あるいはカップルで、バイクに乗って走りだすシーンが、これでもかという程繰り返される。その際の行先は、日常を忘れさせてくれる非日常的場所であったり、台北を離れての地方都市であったりすることが多い。彼らは21世紀の「イージーライダー」だ。

阿嘉は、恒春で郵便配達員の仕事を始めるのだが、ある日、宛先不明で未配達になっていた60年前の手紙の束を見つける。宛先は「高雄州恒春郡海角七番地」とあり、日本統治時代の住所であった。深い意味もなく、手紙を開封してしまった阿嘉は、手紙の内容に心を打たれ、今はなくなった住所を頼りに、何とか友子に手紙を届けようとする。その手紙の内容を映画から引用してみる。

僕は、敗戦国の国民だ。貴族のように傲慢だった僕たちは、一瞬にして、罪びとの首枷をかけられた。貧しい一教師の僕が、どうして民族の罪を背負えよう。時代の宿命は、時代の罪。僕は貧しい教師に過ぎない。君を愛していたが、あきらめなければならなかった。[16]

日本人教師中孝介は、国民党政府の方針には逆らえず、友子への想いに後ろ髪を引かれながらも、引き揚げ船に乗ったのであった。

一方、現在の時間軸でのプロットでは、墾丁国家公園内のリゾートホテルで野外コンサートを開く計画が持ち上がり、阿嘉は、素人同然の地元ミュージシャンをまとめるバンドリーダーとして、その計画に深く関わっていくことになる。そして、そのコンサートの企画・運営は、中国語が話せるためにたまたま別の仕事で恒春に派遣されていた友子という名の売れない日本人ファッションモデルに任される。阿嘉と友子は、最初は喧嘩ばかりのぎくしゃくした関係だったが、コンサートの成功という目的のために心が触れ合い始め、お互いを異性として意識するようになる。

阿嘉は、とうとう「海角七号」の現在地を突き止め、手紙を今は老婆となった友子のもとにそっと置いて（写しだされるのは老婆の背中のみでその表情は読めない）、コンサート会場に向かう。会場の砂浜に着いた阿嘉は、現在の友子に素直な気持ちを伝える。水平線の向こうに沈む夕日をバックに砂浜で阿嘉と友子が抱き合う場面は、台湾映画史に残る名シーンとなり、恒春を訪れる若いカップルにとって、墾丁国家公園内の砂浜での抱擁は、「テッパン」となった。そして、阿嘉がステージ上で歌う「国境之南」は、友子への愛が、南沙の風に吹かれて漂うかのようだ……。そして、その歌声とともに、二人の「友子」をめぐる物語はシンクロし、感動のラストシーンを迎える。

現在の友子を演じた田中千絵は、本作で台湾のスターとなった。台湾人は、映画の中の彼女を「日本女性」の代名詞として、世代を超えて記憶していくはずだ。それ程この映画『海角七号』は、多くの台湾人が観にいき、話題にした映画なのだ。ちなみに、60年前の日本人教師役と、その日のコンサートに於ける日本からのゲスト・ミュージシャン役は、台湾でも人気の日本人シンガー中孝介本人が一人二役を演じている。

『海角七号』における史実（日本人引き揚げ）を巧みに青春映画に繋げた手法は、台湾の20代、30代から圧倒的な支持を得て、若い世代を中心とした「懐日」ブームの火付け役を果たした感がある。その後台湾で本格的に「懐日」が流行りだしたのだ。ちょうど、筆者が足げく台湾に出向き始めた時期と重なる。現在、台湾全土では、日本のレトロな雰囲気を漂わせるカフェ、ショップ、レストランが次々をオープンしている。大正及び昭和初期ロマンを満喫したかったら、日本の遺産の再利用に営為努力する台湾にいけばよい。

そして、そのブームの象徴が、２０１４年、台南市忠義路にリニューアルオープンした「林百貨店」であろう。日本統治時代の１９３２年、山口県出身の経営者・林方一により創立された「ハヤシ百貨店」は、レトロな外観を保ちつつお洒落なショップが軒を並べるトレンディー・スポットに生まれ変わり、「懐日」ブームの先頭をいく存在として、連日多くの客で賑わっている。その百貨店の創立者が山口県出身の経営者というのも、筆者には何やら因縁を感じさせてくれ、誇らしくもある。

2-5．中華民国統治時代

［蒋介石国民政府］

１９４５年7月26日、日本の無条件降伏を迫るポツダム宣言を日本が受け入れて、「玉音放送」が流れた2週間後の9月1日、中国国民政府（国民党による政権）主席の蒋介石は、腹心の陳儀を台湾省行政長官兼台湾警備総司令官に任命し、自身は大陸に残り、言わば遠隔操作で台湾を統治しようとした。10月17日、国民党軍約1万２０００余と官吏２００余名が、米軍機の護衛のもと、30余隻の米国艦船に分乗して基隆港に上陸し、その日のうちに台北まで進軍した。しかし、このときの国民党軍の低い士気、わびしい身なり、劣悪な装備は、とても戦勝国のものとは見做し難かったと言う。台湾人たちは、その進駐ぶりを見てただちに、「日本はアメリカに負けたが、中国に負けたわけではなかった」ことを理解した。台湾人たちの国民党に対する失望感は、このときすでに芽生え始めていた。

その国民党政権が真っ先に行ったことは、日本化されたもの全てを否定し、反日教育を施すことだった。それは、仕方ないことだと思う。有史以来どの戦勝国も、大なり小なり前支配者の文化を否定して治世を行ってきたからだ。それより国民党政府の深刻な欠落点は、台湾から吸い取れる益は可能な限り吸い取ろうとした治世倫理の欠如であった。その頃の台湾で何処からともなく人々が言い始めたフレーズがある。「犬が去って豚がやってきた」だ。犬は愚直なまでに忠実に規則を守る「忠犬ハチ公」のような日本人のことであり、豚は欲望を満たすためには何でも貪るように摂取する中国人のことであった。このフレーズから読み取れる当時の台湾人の感情は、比較論の中での「日本のほうが中国よりましだった」(〝We preferred Japan to China.〟)であって、「日本が好きだ」(〝We like Japan.〟)という全面的肯定論では決してなかった。日本の敗戦でいったん萎んだ親日感情が再び芽生え、懐日という感情にまで至るのは、台湾人が多くの苦難を乗り越え、客観的に歴史を俯瞰できるようになった民主化以降のことである。太平洋戦争後という揺れ動く時代の真っただ中では、逃げ去った政府を懐かしむ余裕など、この時点の台湾人にはなかったはずだ。

国民党軍が台湾に上陸してから約1週間後の10月25日に、台北公会堂（現・台北中山堂）で「中国戦区台湾地区降伏式」が行われ、陳儀行政長官が、ラジオ放送を通じて、「今日より台湾は正式に再び中国の領土となり、全ての土地と住民は中華民国国民政府（国民党政権）の主権下におかれる」という要旨の声明を発した。この降伏式のあと、「慶祝台湾光復大会」が開かれ、それ以降、10月25日は「光復節」とされ、台湾の祝日となった。そして、この日から、台湾人の国籍は中華民国となり、民籍を「本省人」とされ、中国から新たに渡台してきた「外省人」（50万人とも60万人とも言われる）とは、はっきりと区別された。

国民党は、その後日本語を廃し、中国化政策の根幹として公用語としての中国語教育（北京語教育）を進めていった（家庭では台湾語である閩南語が話され続けた）。そのことで、台湾に標準中国語とさほど変わらない言語文化が醸成された。現在、奇しくも台湾は、優れた英語教育環境にこのとき以来の中国語環境が相俟って、グローバルマーケットで最重要な二つの外国語を駆使できるトライリンガル日本人を養成するには理想的な留学先となっている。歴史の中では、こんな皮肉な波及効果もときには生まれるのだ。

［2・28事件］

陳儀が指揮をとる国民党政権は、官僚の搾取、汚職が日常のごとく蔓延した政権であった。その遠因として、日本人の引き揚げと同時に、日本企業及び日本の台湾総督府が台湾に残した財産が挙げられる。それは、合計約110億円規模だったとされており、当時の貨幣価値からすれば膨大な資産であった（全台湾の資産の6割だったとも8割だったとも言われる）。ここに、国民党政権は豚のように貪りつき、台湾接収の過程で、官吏たちは私腹を肥やしていった。この私腹は、「降伏財」とも「光復財」とも呼ばれた。このような祖国の官吏の腐敗ぶりを目の当たりにした台湾人の中に、国民党政権に対する失望と軽蔑が膨らんでいった。

加えて、国民党政権は、重要なポストや管理職のほぼすべてを「外省人」で独占した。日本の台湾総督府も、日本人優遇の傾向はあったが、中間職以下には有能な台湾人を起用し、実務を回した。「本省人」たちは、自分たちより有能とは思えない「外省人」上司のもとで働くことを余儀なくされた。

そんな台湾人の不満が募っていた1947年2月27日、台北市の淡水河沿いの台湾人商店街大稲埕（映画『大稲埕』は、100年前の台北の中心街を忍ぶには格好の映画だ）

で、やがて台湾全土を巻き込むことになる事件が起きる。中華民国の官憲10名が、闇タバコを販売していた女性（林江邁、40歳）から、商品の密輸タバコを没収し所持金まで取り上げた。女性は土下座して許しを懇願したが、取締官の銃剣の柄で殴打され、血を流して倒れてしまった。一部始終を目撃していた群衆が、あまりの行き過ぎた取締に腹を立て官憲らを攻撃したため、官憲らはその攻撃を食い止めようと発砲し、傍観していた一人の市民に流れ弾が当たって即死させてしまった。

一夜明けた2月28日、怒った市民は、専売局台北分局に押し入り、書類や器具を路上に放りだして燃やした。その後、群衆はデモ行進を行い、同時に政治改革を要求した。ところが憲兵が機関銃で群衆を掃射し、数十人の死傷者がでる惨事となった。ここに至り、事態は緊迫度をさらに増し、万余の市民が抗議のデモに加わり、台北市内は騒然とした。そこで警備総司令部は、台北市に戒厳令を布告する。しかし、市民は放送局を占拠し、全台湾に向けて事件の発生を知らしめた。すると、抗議運動は、台北だけでなく、台湾全土に広がった。

陳儀行政長官は、最初は市民の代表からなる「2·28事件処理委員会」と話し合いを持ち、その政治的要求に耳を傾ける姿勢を見せていたが、それは時間稼ぎであり、その裏で、国民党政権中央に増援部隊の派遣を要請するとともに、危険人物のリストを作成し、台湾人の大粛清を策していた。そして、増援部隊が到着すやいなや行政長官は手のひらを返し、「2・28事件処理委員会」を不法組織と弾じ、解散を命じた。同時に、台湾人に対する無差別殺戮が基隆と高雄で始まり、台北から屏東まで南下し、さらに東部に転じ、約2週間で台湾全土は鎮圧された。逮捕され、処刑前に市中を引き回され、市民への見せしめとして街頭に数日間放置された者も多くいた。とても正当な政権の為す行為とは言えなかった。

国民政府は、市民に対する虐殺の一方で、粛奸工作の実行を宣言し、ただちに全国的な捜査を開始した。粛奸の対象は、事件に直接関与した者はもとより、無関係の多くの社会的指導者にまで及び、民意代表、教授、医者、作家、教師などの知識人が続々と逮捕され、処刑されていった。日本語教育を受けた知識人を、この機に乗じて一掃してしまう狙いも見え隠れしていた。その弾圧は、中国の文化大革命時の文人弾圧に匹敵する、台湾史上最大の残虐的粛清の様相を呈していった。

「2・28事件」に関連して1ヵ月間に殺害された台湾「本省人」は、国民党政権の発表によれば約2万8000人であったが、実際にはそれより多くの殺害がなされたことは間違いない（発表された数字でも、日本の半世紀に渡る統治時代に粛清された者の数を上回る）。「2・28事件」は、大陸からの「外省人」と台湾生まれの「本省人」との対立、つまり「省籍問題」を助長した。

また、「2・28事件」は、国際社会、特に米国社会から厳しく批判された。1946年から毛沢東率いる中国共産党と国共内戦に突入し苦戦していた蒋介石国民政府は、米国からの支援にすがっていたので、米国の意向を無視できず、陳儀行政長官を免職し、南京に戻した。そして1949年5月20日、戒厳令が布告され、言論、出版、集会、結社などの自由を制限した。一方、蒋介石国民政府は、その年の10月、国共内戦に力尽きて敗北に至る。そこで蒋介石は首都南京を脱出し、重慶などを経て、12月、息子の経国とともに台湾に逃れ、台北へ遷都した。

【映画『悲情城市』】

日本統治時代の終わりから中華民国が台北に遷都するまでを描き切った映画が侯孝賢監督の『悲情城市』である。舞台の一つとなった九份は、この作品の名声とともに、台湾でも屈指の観光名所となり、多くの日本人観光客も訪れる坂の町となって久しい。内容を一文で表面的に要約すれば、『悲情城市』は、「日本人に代わって支配者となった中国からの『外省人』が、台湾人である『本省人』を如何に弾圧したかを扱った映画」と言うことができよう。

1945年8月15日、台湾でも自国（日本）の敗戦を告げる玉音放送が流れるシーンからこの映画は始まっている。日本人には、台湾人が日本人と同じようにこのラジオ放送を聴いていたという事実を改めて知らされ、少し衝撃的でもある。

港町・基隆で酒家を営む林家は、日本軍に次男を軍医として、三男を通訳として徴用された挙句、三男は戦争が終わっても行方不明で帰還が叶わない。その妻は、微かな希望を捨てきれず夫の帰りを待っている。加えて、新たに大陸から流入し台湾を統治する「外省人」の横暴にも苦しめられていた。酒の力を借りて陳儀の腐敗政治を揶揄する酒席シーンが繰り返される。そして、祖国復帰で暮らしが良くなると期待していた「本省人」たちが、中国国民党政府の治世に次第に幻滅していく様子が淡々と描かれる。そこへ、「2·28事件」が勃発し、台北近郊の人々の暮らしは、より深刻で、より大きな波に飲み込まれていく。

しかし、この映画の内面的主題は、日本側への責任追及でもなく、中国側の非道への抗議でもない。日本と中国が作り出した時代の流れに翻弄され、次第に台湾人同士の絆が失われていく過程である。こうした不条理を、『悲情城市』は、国民党軍に抵抗した台湾ゲリラ軍が鎮圧されていくシーンによってではなく、ささやかな幸福を求め、それを手にしていた者たちが政治的思惑に巻き込まれて、その幸せを奪われていく理不尽を通して静かに訴えかけてくる。内戦を扱った映画だが、戦闘シーンはほとんどない。

林家の四男の文清は、耳が聞こえないが、九份で写真館を経営し慎ましく暮らしている。そして親友の呉寛榮の妹寛美と淡い恋愛感情を育みつつ、ささやかな幸福の中にいる。

しかし、寛榮が山に籠って国民党軍への抵抗を続けるゲリラグループに身を投じてから、政治が文清の生活に影を落とし始める。山で生活する寛榮と連絡を取りあうようになり、援助もするようになる。それでも、文清は寛美と結婚し、一児をもうけ、束の間の至福に浸る。寛美が「みんなは物価が上がって生活は大変だと言う。私も子供と夫の世話で大変だけど、私には幸せな日々なの」[17]と手紙に綴るシーンにこそ、何人にも侵されてはならない小市民的幸福が凝縮されていよう。それが踏みにじられていく姿をこの映画は伝えたかったはずだ。

山に踏み込んだ軍隊によって寛榮が銃殺されたとの一報が文清と寛美のもとに届く。

密かに寛榮とその仲間たちに生活資金を送金していた文清は、官憲の追及を逃れられないことを悟り、最後の家族写真を撮ってから数日後、抵抗することなく逮捕され、消息を絶つ……。

文清役には香港スターのトニー・レオン（梁朝偉）が、寛美役には侯孝賢監督作品『恋恋風塵』でもヒロイン役を好演した辛樹芬がキャスティングされている（ちなみに、筆者は彼女のファンである）。セリフ回しよりも抑制の効いた表情で感情を伝えようとする二人の演技が、この映画で侯孝賢監督が伝えたかったであろうサイレント・マジョリティーの声を見事に掬い上げている。撮影手法自体がメッセージ性を帯びる好例である。トニー・レオンは、台湾語が話せなかったから、聴覚障碍者の役があてがわれたと言う。音楽監督の一人には、立川直樹が抜擢され、日本のインストゥルメンタル・ユニットS.E.N.Sがテーマ曲を演奏している。

この映画は1989年の作品だが、構想はずっと以前から侯孝賢監督の胸の内に秘められていたらしい。1987年7月に戒厳令が解除（38年間に渡る戒厳令の長さは世界一）されてから、それまで公に語ることを許されなかった「2·28事件」の映画化が可能になったと聞く。『悲情城市』は、台湾に生きる人々にとって、自分たちの歴史を中国の一部として捉えるのではなくて、自らの台湾史を編纂していこうとする意識構築上、極めて重要な作品であろう。その意味で、史実をベースにしつつも、「本省人」の視点から「2.28事件」を描いた『悲情城市』は、台湾人の歴史観を変えたと言っても過言ではない。『悲情城市』は、芸術性と真実性の融合を試みた1980年代台湾ニューシネマの金字塔である。

1945年の日本のポツダム宣言受諾にともなう政変で、中国から台湾に渡った外省人の中にも、時の流れに巻き込まれ仕方なく台湾に連れてこられて、慣れない生活で苦労した人たちも多くいた。侯孝賢監督は、そんな「外省人」の視点からの映画も撮っている。『童年往事：時の流れ』がそれで、1948年、広東省から台湾に渡ってきた家族の物語である。主人公の阿孝の父は、公務員（「外省人」でも権力や財を独占できたのはごく一部であり、多くは下級軍人や基層公務員の職についた。それでも「本省人」より恵まれていた）として台北に一家とと共に移住してきて新竹に家を持った。しかし、体調を崩し、職と地位を手放し、一家で気候のあう南部の鳳山での転地治療を兼ねた暮らしを始める。その田舎の小学校では、教師は、大陸への反撃を鼓舞する教育をしている（台湾は、大陸反攻までの仮住まいという意識が当時の外省人には存在した）。

映画は、そこらあたりから本題に入り、外省人が大陸を懐かしみながらも台湾の地に溶け込もうとする姿を淡々と写しだしていく。映画は多くを語らず、制作側の意図をことさら強調するプロットにはなっておらず（侯孝賢監督のスタイルでもある）、観る者に歴史的判断を委ねるかたちで終わっている。『童年往事：時の流れ』は、観る者にその後のストーリー展開を考えさせるエンディングとなっているのだ。

［民主化への道のり］

１９４９年に戒厳令が布告されてから、国民政府は、反体制的なインテリ層への迫害を増々強めていった。それは「白色テロ」と呼ばれ、１９５０年代から１９６０年代にかけて、弾圧は常態化した。そして、蔣介石と蔣経国の父子は、孫文の「三民主義」（民族主義、民権主義、民生主義）が実現するまで、党首に絶対的な権力を集中させる方針を選択した。１９７５年に蔣介石が死亡すると、国民党の党首には息子・蔣経国が就任した。そしてこのときから党首を党主席と称することとした。そして、１９７８年、蔣経国が総統も兼ねるに至り、「蔣家王朝」が完成した。

国民党政権は、初めの頃は、中国大陸奪還を目指して軍備を整えていたが、いつしか中国の攻撃に備える「専守防衛」の国防体制へ移行した（台湾に逃れきて、「反清復明」を唱え大陸での復権を目指したが成就しなかった明・鄭政権が残した轍を、蔣介石国民党政権も辿ったことになる)。それでも、常に50万人程度の兵力を有し、そのための軍事予算は、1970年代を通して、台湾の総予算の半分以上を占めた。これ程強力な軍事体制を敷いた国民党政権ゆえ、「白色テロ」のような異議分子抹殺のための策はいくらでも打てた。しかし、その策が在外台湾人にも及んだとき、国民党政権の粛清政策は墓穴を掘り、その失政から皮肉にも台湾民主化への糸口が見えてくる。

米国籍を持ち米国で活躍していた作家江南は、1984年10月、国民党政権の内幕を暴露する文を世に問うた。当然国民党政権は彼の文筆活動を快く思わず、蒋経国の次男蒋孝武は、台湾ヤクザに暗殺を依頼した。そして、江南はサンフランシスコ郊外の自宅で殺害された。国民政府は、当初、関与を否定したが、後に江南未亡人に慰謝料150万ドルを支払って、事実上関与を認めた。すると、当然ながら、国民党に対する批判は、国内外で吹き荒れた。

こうした国民党政権に対するアゲインストの風が吹き荒れる中、1985年、親台派のレーガン米国大統領は、台湾の民主化を推進するよう国民党政権に圧力をかけた。このレーガンの政治行動は、台湾民主化の契機となり、1986年、蒋経国は、一連の民主化運動の高揚感の中で、「時代は変わり、環境は変わり、潮の流れも変わった」と語った。この一文は、台湾では大変有名であり、時代の変わり目を象徴的に表現している。そして、1987年の戒厳令解除に繋がった。

翌1988年、蒋経国の死去にともない、後に台湾民主化に重要な役割を果たす李登輝が総統代行に就任する。しかし、当時の李登輝の政権基盤は、いまだ確固としたものではなく、李煥、郝柏村、兪国華ら党内保守派がそれぞれ党・軍・政府（行政院）の実権を掌握していた。この後、李登輝はこれらの実力者を牽制しつつ徐々に自らの政権基盤を固め、民主化を進めていくことになる。しかし、台湾政治史、いや台湾史において、「本省人」である李登輝が権力の頂点に立ったということは、非常に重要な意味を持っていた。

1990年には、信任投票ではあったが、台湾で初めて総選挙で李登輝が総統に選ばれた。彼はそこで足を止めることなく1994年、総統直接選挙の実現に向けて始動した。しかし国民党が提出した総統選挙草案は、有権者が選出する代理人が総統を選出するというアメリカ方式の間接選挙を提案するものであった。それに対して李登輝は、フランス方式の直接選挙を主張し、1994年7月に開催された国民大会において、第9期総統選挙よりの直接選挙実施を賛成多数で可決させた。そしてついに1996年、初めての総統直接選挙において、李登輝は、54.0％の得票率で当選し、台湾史上初の民選総統に就任した。この選挙に際して、中華人民共和国は台湾の独立を推進するものと反発し、総統選挙に合わせて「海峡九六一」と称される軍事演習実施に至り、ミサイル発射実験を行った。台湾の民主化は、無数の無名運動家たちが歩んできた道のりの延長線上に、李登輝という稀代の政治リーダーを得て、台湾の民がようやく手にした血と汗と涙の結晶だと言えよう。

【映画『GF＊BF』】

1980年代後半から1990年代にかけて青春の日々を送った楊雅喆監督は、その頃の自身の体験を描きたいと考えていたらしく、その思いを以下のように表現している。

あの頃の台湾は情熱に溢れていた。（市民や学生が）ようやく自由を求めて声をあげ始め、自由のために誰もが情熱を傾けていた。（中略）あの頃の情熱を取戻したくて、この映画を作った。[18]

その映画が『GF＊BF』（GIRLFRIEND/

BOYFRIEND）である。映画は、1985年、戒厳令下の台湾から始まる。南部の中心都市高雄で高校生活を送る美宝、忠良、心仁の女の子一人男の子二人の三人仲間は、厳しい校則や思想統制に縛られる日々にあっても、バイクを走らせたり、煙草を吸ったり、悪戯をしたりして、窮屈な青春時代にささやかな抵抗を示している。夜市で発禁の反体制雑誌「自由」や「フォルモサ」を売ったりもする。心仁が反抗的な態度ゆえに、罰として頭髪を剃られているプロットからも、時代性が伝わってくる。加えて、学校教育においては、「国語運動」と称して北京語の使用推進政策が進められていたが、映画の中の生徒たちは、教師の目の届かないところでは、台湾語を使っている。単語の羅列レベルなら日本語を口にすることもある。

心仁が軍人教官（戒厳令下の台湾の学校には必ず1人は派遣されており、学校内の風紀の乱れ、裏を返せば自由を求める機運を抑えるのが任務）に反抗するシーンで、教官が激怒するのは、口答え自体が規則違反であるのに加えて、同じく規則違反である台湾語で急に口答えし始めたせいでもある。夜市のアナウンスにも台湾語が混じるシーンからは、北京語を比較的抵抗なく受け入れた台湾北部と違い、台湾意識の強い南部の心理状況が垣間見られる。

時は流れ1990年の台北。忠良と心仁は同居しながら大学生活を送る一方、美宝はスポーツジムでインストラクターとして働いている。高校時代から恋人関係にあった美宝と心仁は、その関係を育んでいる。しかし、美宝は、民主化運動の学生リーダーになっていた心仁が、大規模な学生集会の夜、女子大生にも手をだそうとしていることを知る。

その学生運動とは、1990年3月16日から22日にかけて、実際に起きたもので「野百合学生運動」とも「三月学生運動」とも呼ばれた。全国から台北に集った約6,000人の学生が中正記念堂広場に座り込み、民主化を要求したのであった。そのとき、李登輝は、学生の代表に会い、民主化のスピードを上げることなどを約束し、学生の座り込みを解散させている。この意味において、映画『GF＊BF』は、米国コロンビア大学で起きた学生運動を舞台にした青春映画『いちご白書』の台湾版と見做すこともできよう。

時はさらに流れて2012年、心仁は、父親が有力者である娘と結婚し、成功への道を歩んでいる。大学時代、一番反体制的であった彼が、社会人になって、一番体制的人間に変身しているのだ。彼はまた、美宝との関係もズルズル引きずっている。忠良は、妻子ある男性と恋仲になるが、その男性の家庭を壊す一歩手前まで関係を深めていく。三人とも、高雄での高校生時代のような、無邪気さと純粋さとはかけ離れた生活を送っている。不倫、同性愛（台湾は、東アジアで最も性的少数者に寛容な社会である）、成功への野心などがうごめく現在の台湾社会をリアルに写しだして、この映画はエンドロールへと一気に雪崩込んでいく。

【映画『あの頃、君を追いかけた』】

台湾にとっての１９９０年代は、日本にとっての１９６０年代、韓国にとっての１９８０年代、中国にとっての２０００年代のように、希望に満ち満ちた時代であったろう。台湾の人々は、その時代、昨日より今日の方が、今日より明日の方が、暮らしは確実によくなるという確信を持てた！

特に若者たちにとって、１９９０年代の台湾は、夢は叶うものだと思える場であった。たとえそれが幻想であったとしても、若者たちにとって、夢が持てることこそが重要で、その実現なんて二の次だった。１９９０年代初頭から１９９９年の台湾大地震までの10年間は、民主化と経済発展とが世の中を明るく照らし、若者たちの夢の顕現は、彼らが腕をいっぱいに伸ば

せば、その手に掴み取ることができそうな位置にあった。

九把力監督の出世作『あの頃、君を追いかけた』は、頂点を目指して坂を一気に上ろうとしている国家だけが持つエネルギーを感じさせてくれる映画だ。日本の1960年代を描いた『ALWAYS 三丁目の夕日'64』、韓国の1980年代を描いた『サニー』、中国の2000年代を描いた『北京ロック』（アジアを代表する国際派女優で侯孝賢監督の『ミレニアム・マンボ』にも主演した舒淇（Shu Qi）の魅力が銀幕の上で弾けている）から感じられる時代の息吹を、1990年代の台湾を描いた『あの頃、君を追いかけた』からも受け取ることができる。映画を観終えた後、とにかく元気がでるのが、ここに挙げた四つの映画の共通項だ。それは、「それぞれの国が最も元気だった時代から分けて貰える元気」と言い換えてもよい。

そんな青春映画『あの頃、君を追いかけた』は、主人公の柯景騰（通称コートン）が16歳の高校生だった1994年の彰化から始まる。彰化は台湾中部の典型的地方都市であり、本当の台湾の一般的暮らしぶりを見たければ、彰化を訪れることを強く勧めてくる台湾人は少なくない。映画の冒頭、そんな彰化の町並みをコートンが自転車で駆け抜けるシーンに、彼の言葉による次のようなナレーションが重なる。

1994年、俺は16歳だった。張雨生（台湾の男性ポップシンガー、作曲家、音楽プロデューサーで「音楽のマジシャン」と呼ばれた）の事故死前で、張学友（香港の俳優、歌手）のミリオンヒットの後だ。プロ野球はまだ八百長もなく大人気。あの阿妹（A-Mei：冒頭で触れた先住民ピュマ族の出身のシンガー。最初のプロデューサーは張雨生）が、素人勝ち抜き歌番組で見事25連勝。そんな時代だった。[19]

この勢いのあるナレーションによって、映画を観る者は、若者たちの台湾グラフィティが弾ける黄金の10年間に誘われる。そんな『あの頃、君を追いかけた』の主題は、アジア的恋愛観である。ほとんど勉強しない劣等生のコートンだが、その元気のよさがクラス一可愛くて優等生のチアイーの心を掴んでいく。彼らが平渓という観光地に遊びにでかけたとき、大きな灯籠にそれぞれの夢を書いて空に飛ばすシーンがある。しかし、お互いに何と書いたかは告白しない。「アイ・ラヴ・ユー」からしか始まらない西洋的恋愛観から見れば、何とももどかしいデートである。しかし、気持ちを秘めることによって、気持ちを永遠のものにするプラトニックな恋愛もあっていい。

そんな淡くもほろ苦い気持ちを抱いたまま、チアイーとコートンは高校を卒業し、成人して別々の場所で暮らすことになる。しかし、１９９９年の台湾大地震の直後、コートンはチアイーを心配して電話をかける。コートンの気持ちが嬉しかったチアイーは、「あなたみたいに私を好いてくれる人にはもう出会えないかも」[20]と告白。お互いに気持ちを秘めていたのに、心はしっかり通い合っていたのである。この東アジア的恋愛感情は、同じアジアでも東南アジアでは理解され難いだろう。ひょっとしたら中国でも無理かも知れない。台湾、韓国、日本では「アリ」の恋愛観だろう（ひょっとしたら日本の若い世代には「ナイナイ」と一蹴されるかも知れない）。こんな映画が年間（２０１１年）ナンバーワンのヒットになる台湾は、ロマンチックな人々が住む「美麗島」なのだとつくづく思ってしまう。

［映画『郊遊（ピクニック）』］

台湾は、21世紀に入り、すっかりグローバル社会となった。そのグローバル社会は、グローバル市場を巡って熾烈な戦いが展開される競争社会ゆえ、宿命的に勝者と敗者にはっきり分かれる社会構造を派生する。言い換えれば、グローバル社会は、格差社会に向かう両義性を有しているのだ。北京、上海、香港、ソウル、シンガポール、バンコク、そして台北でも、セーフティーネットなどという気休めはもうとっくの昔に綻びがでて、いまや機能不全状態だ。敗者が最低限の生活が送れる保障など何処にもない。

そこそこの国内市場規模（1億2，000万人）とそこそこの中間層を有する日本は、これまで国内市場に頼ってこられたので、逆にグローバル化が遅れた。だから東京は、今のところ、敗者への最低限の生活保障はかろうじて保てている。しかし、少子化が進み国内市場規模が1億人を割ることが必定の日本も、今後はグローバル化していくしかないのだ。このままでは、日本は間違いなく国ごと敗者となってしまうだろう。だから、日本のグローバル化の是非を議論する余地はない。筆者としては、グローバル化社会を勝ち抜けるグローバル人材の輩出に専念するしかない。

それでも、蔡明亮監督の『郊遊』を観ると、その決意も少し揺らぐ。それくらい『郊遊』で描かれる格差社会（つまりグローバル社会）の敗者の生活は、悲惨を極めている。主人公の男シャオカンは、マンションの広告の看板を持ちながら街頭に立つ「人間立て看板」（日本にも昔、「人間サンドイッチマン」という職業があった）だ。空き家に勝手

ブルーレイ発売中（本体4,800円＋税／販売元：竹書房）

に子供二人と住み移り、社会の底辺を這いずり回るような生活を送っている。家族は、公衆トイレの水道を使って体を洗う。１９６０年代初頭、ハンブルグのライブハウスで修業時代を送っていたビートルズも、ライブハウスのトイレで体を洗っていたと言うが、そこには追いかける夢があった。だから悲惨さは微塵も感じさせない。しかし、この映画の家族には、夢など欠片もない。この三人の家族には、未来が全く見えてこないのである。ゆえにその悲惨さに胸をえぐられる。家をでていった妻が、廃墟となったビルで放尿するシーンは、あまりに唐突であまりに悲しい……。

さらに、悲しさを超えて、心が凍りついてしまいそうなシーンが追い打ちをかけてくる。主人公のさえない男シャオカンを演ずる李康生が、ベッドで、子供たちが大切に保管していたキャベツを、空腹に耐えられず食べてしまうシーンだ。前述の野嶋剛は、このシーンについて、次のように述べている。

> 主人公は、涙を流しながら食べる。食べている自分に対して、悲しみがさらに積み重なる。これ程悲しいシーンを、私はいままで観たことがないとすら思えた。映画史に残るシーンと言うと大袈裟だろうか。それくらいすごい。[21]

間違いなくアジア映画史に残る名シーンだ。蔡明亮監督は、「カット」の声を上げることができず、メモリーが一杯になるまでカメラを回し続けたと言う。監督の期待を遥かに上回る演技だったに違いない。

ちなみに、蔡明亮監督の出世作である『愛情萬歳』は、1990年代の台北が舞台で、主人公の名はシャオカン、演ずるは若き日の李康生である。これまた、冴えないセールスマン役なのだが、それでも彼の未来に希望は感じられる。そのシャオカンが20余年の月日が経過し、絶望的な中年男に堕してしまったのが『郊遊』の主人公シャオカンという解釈も成り立とう。

『郊遊』を観て痛感したことは、日本は終身雇用制だけは維持すべきだという思いだ。それが可能なら、社会的安定度をある程度の水準に保てよう。効率性と合理性をとことん追求する社会は、それに都合のいい非正規雇用を増進・正当化し、あまりにあっさりと敗者を切り捨てる社会的ベクトルを維持しようとする。筆者にとって『郊遊』は、そのことを強烈に再認識させてくれる映画となった。もちろん、台湾には台湾に適したグローバル化があり、これから、軌道修正が加えられていくのだろう。

以上が、映画をまじえての筆者なりの台湾史概説である。ここで述べた約5世紀に渡る過去を携えて、台湾は、この先、どこへ向かうのだろうか……。その行方を、台湾ウォッチャーの一人として、しっかり見守っていきたい。

第3章

長州人が台湾近代化の過程で形成した親日感情

3-1．楫取道明（教育）

台湾の近代化には教育こそが何より大切と考えた台湾総督府は、６人の学務官僚を日本から召集した。後に「六士先生」と呼ばれた前述の６人は､台北郊外の「芝山巌学堂」を拠点とし、信じられないくらいの熱度を以って教育活動に尽力した。その中心人物が長州出身の楫取道明であった。

楫取道明は、２０１５年ＮＨＫ大河ドラマ『花燃ゆ』で一躍スポットライトを浴びた楫取素彦（小田村伊之助）の次男である。素彦は、吉田松陰の次妹寿と結婚し、松陰を裏から支えた。「松下村塾」の開設時も力を尽くしたし、松陰が投獄されていた間、塾生指導の任に当たりもした。松陰が安政の大獄で処刑された後は、「山口講習堂」及び「三田尻越氏塾」で教鞭をとった。ゆえに、道明の教育への情熱は、父素彦譲りとも言えよう。素彦は、寿を病気で亡くした維新後は末妹文（最初の夫は維新の志士久坂玄瑞）と再婚し、後に群馬県令まで務め明治政府に仕えた。

道明は、幼名を久米次郎と言い、一時期、久坂家の養子に迎えられたこともあったが、紆余曲折があり、小田村家に復籍した（このあたりの事情は『花燃ゆ』で詳しく扱われていた）。その後、長男の篤太郎が小田村家を継ぎ、次男の久米次郎が楫取家を継いだ。

そして道明は、伯父吉田松陰、父楫取素彦と同じく、教育者としての道を歩んでいく。そうこうするうちに、下関で台湾が日本に割譲される。初代総督となった樺山資紀は、台湾総督府学務部長伊沢修二の意見を取り入れ、「芝山巌学堂」を建設したのであった。そこに招かれた前述の学務官僚6人は、寝食を忘れて教育に勤しんだ。その甲斐あって、開設当時は数名だった生徒数も、すぐに20数名に膨れ上がり、運営も安定していった。

しかし、この頃から、台湾各地で抗日ゲリラの活動が活発になる。芝山巌周辺も治安が悪くなり、周囲の住民たちは避難を勧めたが、教育に命を懸ける楫取道明をはじめとする日本人教師たちは、頑として学校を離れなかった。このような状況下、1896年の元旦、台湾総督府で行われる拝賀式典に出席するために教師たちが芝山巌を下山しようとしたとき、事件は起きた。100名近くに及んだとされるゲリラに取り囲まれた教師たちは、それでもひるまず教育の必要性を主張し説得を試みるも、ゲリラ軍に受け入れられず、全員が惨殺されてしまった。

ここで楫取道明のとった行動は、父楫取素彦の沈着冷静さというよりは、伯父吉田松陰の激情ほとばしる熱意を土台としていたと思われる。筆者が松陰の残した言葉で一番好きなのは、「思想を維持する精神は、狂気でなくてはならない」である。一度掲げた信念は、周囲の状況がいくら悪化しようと最後まで貫こうとする「純粋さ」を、松陰は

「狂気」と定義し、「諸君、志を抱き狂いたまえ！」と弟子たちを鼓舞した。楫取道明も伯父と同じ「狂気」を継承していただろう。教育人ではなかったが義父久坂玄瑞もこの「狂気」を有していた。久坂玄瑞の「純粋さ」が、長州一藩のみでも尊王攘夷を貫かせ、やがては倒幕に繋がった。久坂玄瑞の「精神力」（「志」とも言えよう）と高杉晋作の気を観るに敏な「行動力」で、討幕は成った。しかし、前者のタイプは、長生きはできない。それを証明するかのように、松陰も玄瑞も道明も、自身の信念を貫くためなら、死をも厭わなかった。父素彦なら、周辺住民の意見を聞いて、ひとまずは避難したであろう。高杉晋作であっても、人心の流れを読んで一時的に後退したに違いない。理より義を重んずる吉田松陰、久坂玄瑞、楫取道明は、素彦と晋作が有していた処世術を携えなかった故、宿命的に悲運を内包していたのかも知れない。

「芝山巌学堂」は、悲惨な事件の後にも拘らず、3ヵ月間授業停止をしただけで再度授業を始めている。これは、台湾総督府が初期段階から不退転の決意で台湾の教育体制再構築に取り組もうとしたことを証明していよう。この総督府の真摯な教育への姿勢が功を奏し、統治開始時、台湾の学齢児童の就学率は1％にも満たなかったが、統治終了の2年前の1943年には70％にもなっていた。また終戦時には、識字率は93％までに上昇していた。

台湾では、命を懸けて教育に携わる志の高さは「芝山嚴精神」と呼ばれ、台湾教育界の指針となっている。日本側は、台湾の近代化に殉職した「六士先生」の遺骨を芝山巌に葬り、「学務官僚遭難之碑」(題字は時の内閣総理大臣伊藤博文)を建立し、慰霊祭を行った。その後、日本色を一掃したかった蒋介石国民党政府は、碑を撤去し、「芝山巌神社」も破壊し、本殿跡には国民党軍統局副局長だった載笠を記念する「雨農閲覧室」を建てた。そして、そこを反日教育の拠点としようとした。しかし、「芝山巌神社」に隣接していた「恵済宮」の住職は、6人の学務官僚の墓跡から遺骨を密かに移し、無名の墓を造って祀った。

李登輝による民主化が進んだ1995年、教育に命を懸けた「六士先生の墓」は、「芝山巌学堂」の後身である「台北市立士林国民小学」の卒業生によって再建され、2000年には、「学務官僚遭難之碑」も復元された。以来、芝山巌は、「台湾教育の聖地」と称されている。そこには、MRT淡水線芝山駅または士林駅で下車し、徒歩約20分で行ける。台北で時間があれば是非訪れて欲しい場所だ。朝早くにいけば、凛とした佇まいの中で、明治の教育者の気骨を感じ取れるだろう。

命を削ってでも学びの場を死守しようとする萩・「松下村塾」以来の長州の教育理念は、台北・「芝山巌学堂」に引き継がれ、二つの学校は、それぞれ日本と台湾の近代化教育の発祥地として名を馳せて今日に至る。

3-2. 児玉源太郎（政治）

台湾総督府と長州との関連においては、第二代から第五代までの総督が長州出身の武官で占められ、その治世は約20年に渡る。しかし、第二代の桂太郎総督は4ヵ月、第三代の乃木希典総督は1年4ヵ月と短命であった。よって、この二人の総督は、反乱軍の鎮圧及び自政府の腐敗の粛正以外に、ほとんど何もできなかった。日本の総督府による殖産興業などの具体策、言い換えれば台湾の近代化に向けての積極的な治世は、実質的には、第四代の児玉源太郎総督（在任8年2ヵ月）から始まったと言っていい。

幼き日から思春期までの源太郎は、苦労続きであった。冒頭に述べた父、兄の相次ぐ死により、扶持米も減らされ屋敷も取り上げられ、一家6人とも親戚の家に身を預ける羽目となる。加えて、藩校・興譲館（現・徳山小学校・児玉公園、児玉神社に隣接）でトップクラスの成績を修めながら、貧窮生活ゆえ辞めざるを得なくなってしまう。

そのような状況にあっても、源太郎は高い志を維持し、元服を済ませた後、徳山藩内の17歳から40歳までの武士を中心とした献功隊に入隊し、小隊長として、榎本武揚率いる旧幕府軍征伐のために出陣した。そこで、若年の兵たちを上手く統率し手柄を立て、幹部養成機関である大阪兵学寮に入ることを許される。しかし、多くの戦友を失った初陣において、源太郎は戦争というものの虚しさと惨たらしさを体感したに違いない。この初陣において、軍人でありながら人命の尊さを優先する児玉源太郎の人格が形成されたと思われる。

この後児玉源太郎は、不平士族の乱であった「熊本神風連の乱」を鎮圧するなどして、功を成していく。戦上手であったが、戦嫌いでもあった。不平士族の反乱の中で最大にして最後の反乱であった「西南の役」において、乃木希典が軍隊の象徴とも言える連隊旗を西郷軍に奪われた際、責任をとって自決しようとした。その乃木を児玉は「生きていてこそ名誉も取戻せる」[1]と諭し、必死で自害を思いとどまらせた。児玉源太郎という軍人は、近代合理主義的な死生観を有しており、死をことさら美化してはいなかった。それは、父親及び兄の死が家族に何を齎したかを、身をもって知らされたからに違いない。加えて、世界が大きく変わっている中で、軍旗などのために自ら命を絶つことに何の意味があると考えたのも、児玉ならではのプラグマティズムであった。時代に合わせる合理主義と時代に流されない精神主義が程よく均衡を保っていたのが、児玉源太郎という軍人だった。

さらに、日清戦争では、勝利するには戦地への物資輸送こそ要と認識し、鉄道輸送体系を完成させ、日本軍優勢の基を築き、日清戦争講和条約成立に大きく貢献した。乃木希典が戦場での戦略に長けていたのに対し、児玉源太郎は、戦わずして勝利する、あるいは自軍の兵士をできるだけ戦死させずに勝利に繋げる術に長けていた。そしてそれは、児玉の人格を反映していた。

児玉の治世能力の源泉は、兵学教官として来日したドイツ人メッケル少佐から西洋文明の多くを学んだことが大きかった。児玉は、このメッケルを通して、グローバルな視点を獲得していった。メッケルは後にドイツ陸軍の逸材となる人物であったし、児玉も陸軍大臣に就任するわけだが、メッケルは具体的な戦略を教えただけではなく、西洋文化の本質をも伝えた。ゆえに、児玉は、近代戦術とともに如何に死傷者を最小限に食い止め戦いを講和に導くか、すなわち交渉・調整能力や戦いの後の治世への基本理念をメッケルから教わったと言える。そのことが伝わったと感じたからこそ、日本がロシアに勝てるはずがないと世界中が思っていた中でも、メッケルは、「日本に児玉がいるかぎり負けはしない」という有名な言葉を残したのである。実際、メッケルの言った通りの結果となった。

児玉が台湾の治世を首尾よく実行できた主要因として、先に土匪の反乱の制圧を挙げたが、もう一つの主要因は、日本側内部、つまり台湾総督府の人員整理を断行したことである。児玉は、着任早々、総督府内に公告をだした。以下は、『史論・児玉源太郎』からの引用である。

本官は着任以来、通覧したところ、その人員多きに過ぎると認めた。今まではその必要があったかも知れないが、今はその必要は認めがたい。そこで私はもっぱら事務に精通した有能な者を選んで、少人数で行政の実を上げていきたい。[2]

行政機関の膨張は、経費の増大を齎すだけでなく、腐敗を生む原因となる場合が多い。台湾を日本が統治するようになってから、本土から一旗揚げようと台湾にやってきた民間人が台北、台中、台南、高雄などに屯し、不正行為で暴利を貪る者も少なからず派生し始めていた。そして、その悪事を見逃してやる代償として賄賂を受け取る内地人官吏も増えていた。児玉は、勅任官を含む1，080人の人員整理を敢行した。

このように、自ら襟を正して見せてから被支配者に色んな要求をしたので、台湾の民は、強制的に色んな仕事をさせられているというよりは、それぞれの仕事が自分たちの将来に利すると納得した上で働いた。だから、台湾の近代化は着実に進んだ。支配者と被支配者の信頼関係は、両者に希望を与え、いろんな事業を達成していったのであった。この児玉の政治手腕は、もっともっと評価されてしかるべきだ。

このように、児玉の台湾治世の基本には、まず台湾の民に貢献することが念頭にあり、私利私欲に走ることなく台湾の近代化を推進していこうとする姿勢があった。また、吉田松陰の松下村塾、高杉晋作の奇兵隊に見られる、身分に拘らず有能な者はどんどん重要なポストに登用する公平性は、長州に特有の気風であり、児玉もそれを継承していた。その気風が日本を動かし、明治維新の原動力となり得たのだ。

児玉の分け隔てなさを象徴しているエピソードがある。児玉は、「匪賊が蔓延する中、（周囲が）危険だと止めるのも顧みず、台湾の街中で平気で台湾の人々と飲んでいた」[3]らしい。たいていは、草履に着流し姿という今でいうカジュアルスタイルででかけた。また、豪華な総督府の建物を嫌い、自分用の畑に建てた粗末な小屋に寝泊まりして、農民たちと語り明かすこともしばしばだったと言う。こうした児玉の気さくな性格だからこそ、台湾人と一体となって、一緒に進める道を模索することができたのだと推察する。

そして、ここでの進む道こそが、「大東亜共栄圏」の「五族協和」であった。

児玉源太郎の大東亞圏における「五族協和」とは、日本人、漢人、朝鮮人、満州人、蒙古人が協力して欧米諸国に負けない第三極的共栄圏を構築することにあった。それはまた、満州国建設の基本理念でもあった。その後「大東亜共栄圏」なる言葉は、次第に、欧米諸国（特に大英帝国・アメリカ合衆国）の植民地支配から東アジア・東南アジアを解放し、東アジア・東南アジアに日本を盟主とする共存共栄の新たな国際秩序建設を目指す象徴的スローガンの役割を担った。その理想はよかったが、帝国主義がいき過ぎた領土拡大路線に走り、現実には、東条英機が太平洋戦争を正当化しようとして「大東亜共栄圏」なる言葉を好んで使い始めてからは、日本の帝国主義のキーワードのようになり、負のイメージを包含するに至った。

しかし、児玉は、純粋にアジア諸国の共存共栄を指向していた。それゆえ、児玉は戦争を始めるより、どう終わらせるかに腐心したのであった。常に戦争の後の治世を視野に入れて戦っていたのだ。持論は、「戦争を始めるときは、終わらせることも含めて考えなければならない」[4]であった。日露戦争の際も、樺太を制圧していた方が講和の際に有利になると判断し、占領を指示し、「ポーツマス講和条約」の切り札に使っている。さらに、日露戦争の勝利に酔い過ぎて、さらなる進軍を主張する大本営に対して、その愚かさを一喝したと言う。国力に相応しい戦略をたて、国の繁栄に繋げる治世を実行していくことの重要性を、児玉は、「諸君は、昨日の専門家であるかも知れん。しかし明日の専門家ではない」[5]と表現した。その意味で、児玉源太郎は、有能な軍人であり強かな政治家であった。

閑話休題 ― 児玉源太郎は、教育者の側面も有していた。台湾総督時代の児玉は、台湾総督としての政治的実績を上げつつあったし、兼任の陸軍大臣としても難問題を解決して高い評価を得ていた。そんな児玉は、陸軍大臣の大役を果たした後、ひとときの自由を与えられていた。そこで、徳山の旧児玉邸内に、「三五庵」と名づけた別荘を建て、英気を養うとともに、郷里の青少年たちのためには、「児玉文庫」を開所した。台湾総督府の技師だった新渡戸稲造、同郷の桂太郎、寺内正毅（ともに内閣総理大臣を経験）からも書籍が寄贈された。「児玉文庫」は、開設後程なく「日本の公共図書館児玉文庫」という見出しで、イギリスの新聞『日英新聞』でも紹介された。[6] 1945年の「徳山大空襲」で焼けるまで、地元の人々の教育・文化普及に貢献した。ちなみに、児玉源太郎は、内務大臣、文部大臣も歴任しているのだ。

筆者は、グローバル人材を養成する学部にいる。だから、「例えば、先生が考えるグローバル人材のロールモデルは誰ですか？」と聞かれることがよくある。そんなとき、ちょっと前までは「白州次郎」と答えていたのだが、最近は「児玉源太郎」と答えることにしている。そうすると、「誰ですか、それ」という反応が一番多い。日本人としてのグローバル人材の最重要な素養は、「日本人としての自己」を保持していることなのだが、児玉源太郎以上にそのことを理解していた統治者はいなかった。

日本人らしさ（誠実、勤労勤勉、真面目、強い責任感など）を喪失してしまったら話にならないのに、世間には、「日本人らしくない人」イコール「グローバルな感覚を身に着けた人」と思っている人が少なくない。「日本人らしさ」、台湾の人々の言葉で言えば「日本精神」（リップンチェンシン）、白州次郎の言葉で言えば「日本人としてのプリンシプル」を世界に発信できて、同時に日本人以外の価値観や心情に対する柔軟性を携えた人が、筆者の考える真のグローバル人材であって、世界の価値観を日本に持ち込む人では決してない。その意味で、日本人としての気骨をもち、同時に東アジアの価値観も肩肘張らず自然体で受容できた明治の偉人児玉源太郎は、筆者の知る限りにおいて、最もグローバルな人物である。また、日本と東アジアが進む道を示すことができる力量をもった傑物でもあった。日露戦争後、伊藤博文の後の総理大臣候補にも名が挙がるなど、大きな期待が寄せられるなか、児玉源太郎は、1906年、55歳でこの世を去った。「長すぎて僕の体に秋の風」という句を残しての死であった。

3-3．長谷川謹介（インフラ整備）

最初に台湾に鉄道を敷いたのは、清国統治時代の台湾巡撫の劉銘傳である。1887年から1893年の間に、基隆から新竹までの約100キロに鉄道を走らせた。しかし、それは、構造が稚拙で大規模輸送に耐えられるものではなかった。

そこで、軍事的にも経済活動的にもしっかりした鉄道網の重要性を西洋文明から学んでいた児玉源太郎は、官設鉄道の敷設を立案し、10年計画で台湾島縦貫鉄道（基隆～高雄）の完成を目指した。その命を受けた後藤新平は、技術方面の総責任者に長谷川謹介を抜擢した。

長谷川は、1855年、現山口県小野田市に生まれた。そして明治の世になった1874年に、当時の鉄道寮に入り、後に工部省技手となった。その後、官職を辞し、日本鉄道（日本初の私鉄）の技師となった。長谷川が台湾で鉄道敷設に関わったのは、後藤から誘われて渡台した1899年からの10年程である。

長谷川は、正確な測量こそが事業の成否を左右すると考え、優秀な測量隊を組織し、彼らとともに自分も現地に赴いて視察することもしばしばであった。一方で、セメントや材木、石材などの購入なども自らの手で行っている。まさに、縦横無尽の働きぶりであった。

疫病の蔓延、物資の不足、運搬交通網の未発達による物資輸送の遅れなどの厳しい状況の中で工事は進められたわけだが、驚くべきことに、工事期間を1年前倒しにできただけでなく、経費も予算額を下回って完成にこぎつけた。これは、児玉・後藤ゆずりの合理主義を突き詰めた結果であった。台湾の人々は、この台湾島縦貫鉄道の完成に歓喜し、長谷川を「台湾鉄道の父」と崇め、台北駅前には座像が置かれた。後藤新平は、長谷川の働きぶりについて、以下のように言っている。

自分は台湾を去るまで鉄道部長の職にあったが、それは名義だけのことで、鉄道建設についてはすべて長谷川に一任していた。自分は盲判を捺していたようなもので、鉄道のことはほとんど知らない。それは技師長に長谷川という人物を得たからに他ならない。長谷川は責任感が強く、あくまで完全を目指す人だったので、安心して任せることができた。[7]

加えて、長谷川は、鉄道の完成後の運用効率にまで視野に入れ、大がかりな経路変更も行っている。築港間もない高雄港の将来性を見据え、鉄道と港湾の連携を重視した工事を断行した。こうした合理性は、児玉、後藤の主義主張を継承していると思われる。21世紀の今、人々は、より便利になった台湾高速鉄道で、快適に台湾島西部を縦断できる。それもこれも、長谷川謹介という根っからの鉄道人が敷いた轍があってのことである……。

3-4. 賀田金三郎（開拓）

台湾は、比較的平野部の多い島の西側を中心に発展してきた。島の東側は、海のすぐそばまで山々がせまる地形が延々と続くため、開墾・開拓は困難を極めたせいであった。しかし、東部の開発が西部に大きく遅れたかと言えば、そうとは言い切れない。1895年、前述の映画『一八九五』のテーマとなった日本の台湾占有開始年に渡台し、台湾初の日本人村を花蓮（現在では東部の中心都市）に拓いて、「東部開拓の父」と呼ばれた賀田金三郎が、強い意志と献身的な努力で「不毛の地」の開拓を進めたからである。

賀田は、1857年、長州藩萩の商家に生まれた。1885年に東京の藤田財閥に入社した後大倉財閥に移り、そこで台湾総支配人となった。しかし、2年後の1897年には独立し、台湾で起業している。

当時台湾総督府を指揮していた児玉源太郎は、西部に比べ開拓が進まない東部の状況をどうにかして打開したいと思っていた。そこで、総督府の資金繰りにたびたび援助の手を差しのべてくれたこともあり、高い信頼を寄せていた同郷の賀田に白羽の矢を立て、東部開拓の指揮を打診した。常々、国家のために自身のできる分野で貢献したいという願いを温めていた賀田は、児玉の要請を快諾し、早速東部開発の計画書を1899年に提出している。そして、同年、会社組織「賀田組」を設立し、東部の産業発展を支えようとした。

そんな賀田は、心意気に反応して仕事するタイプであった。つまり、児玉・後藤コンビの台湾近代化に対する情熱にほだされて、あえて難事に取り組もうとしたのだった。賀田は周到な調査をもとに決断を下す事業家ではなく、自身の直感と熱を拠り所に動く事業家であったと言えよう。言い換えれば、賀田も基本的には熱意と情を優先させる児玉・後藤に似たDNAを有していたと言えるかも知れない。製糖業、畜産業、製脳業（樟脳を製造する事業）、移民事業、運送業など、手広く事業を展開し、サトウキビ栽培においては、新渡戸稲造とも仕事したという賀田は、台湾総督府の心強い御用達民間実業家だった。

台湾西部は、すでに人口も多く、新たに海外からの移民を受け入れる土地はほとんどなかった。しかし、賀田は、物資輸送に不可欠な船を接岸できる港が少なく、山地先住民が多く住み文化・習慣が違うことなどの諸要因により、日本からの移民が避けてきた台湾東部に、逆に目をつけ、そこに上記の産業振興策を推進し、その労働需要で移民を惹きつけようとしたのであった。この賀田の尽力によって、東部は大いに発展を遂げ、花蓮の移民村落・賀田村は、発展の拠点となり、花蓮は、やがて日本からの移民に最も人気の高い町に成長した。それ故、賀田は、「花蓮開拓の父」と呼ばれることもある。児玉台湾総督府に仕えた賀田金三郎は、その次の佐久間左馬太総督にも仕え、台湾近代化を裏で支えた民間人の代表的存在となっていった。

加えて、賀田は、事業以外にも花蓮や台湾全島で、様々な社会貢献を行った。「台湾で得た利益は、台湾へ還元する」は、彼の信念だったと言う。日本では、ほとんどその名を知られることのない賀田金三郎は、台湾では、その功績が語り継がれている一人なのである。

日本では、「賀田金三郎研究所」が、彼が成し遂げた数々の事業の足跡を辿りながら、日本の台湾研究の一翼を担っている。さらに、その研究所は、旧賀田村（現花蓮縣壽豊郷平和村）に「賀田金三郎記念館」を完成させるため、財団法人設立に向けて尽力中とも聞く。

歴代の台湾総督の中で、児玉源太郎は断トツで台湾での知名度と評価が高い。台湾の人々は児玉の台湾近代化にかけた情熱がいか程のものであったかを、歴史教育の中できちんと伝えてきた。日本統治時代を経験した高齢者は勿論のこと、現在、台湾から日本にきている留学生たち100数名に聞いても、「児玉源太郎を知らない」と答えた者は一人もいなかった。加えて、「尊敬している」と答えた者も少なくない。台湾の歴史教科書の中での児玉源太郎は、日本人としては破格の扱いなのだ。佐久間左馬太の名は、8割がたの台湾学生は知っている感じだ。在任期間が歴代の台湾総督の中で一番長い9年に渡るので、彼の知名度の高さは頷ける。乃木希典になると、日本での知名度の高さに比して台湾では低い。乃木は、台湾に対する思いは深かったが、治世は彼の得意な分野ではなかった。それでも、「名前だけは知っている」と答える者が半数近くに達した。桂太郎は、日本では総理大臣在任期間は一番長い（在職日数2886日）のだが、台湾総督在任期間はたった4ヵ月だったので、「名前を知っている」と答えた者は少なかった。

それでも、第二代から第五代総督まで長州閥で連続して統治した約20年間は、現在の台湾発展の礎を築いた時期であったことは間違いない。

楫取道明の名は、台湾教育界では有名であるし、長谷川謹介、賀田金三郎の功績も再評価しようとする動きが台湾にも日本にもあることは嬉しい限りだ。この3人と前述の総督4人は、誰もが長州人らしい進取の気風で、台湾と真摯に対峙した。その既成の概念にとらわれない気風は、呆れるほどの理想主義を掲げた吉田松陰の松下村塾にも、草莽崛起の高杉晋作の奇兵隊にも、国禁を破ってでも海を渡りロンドン大学に学ぼうとした長州藩士5人（後に長州ファイブと呼ばれた伊藤博文、井上馨、遠藤謹助、山尾庸三、井上勝）の留学にも、共通の精神構造として存在した。

その長州スピリットを携えて台湾の地と格闘し、「利他即自利」の鉄則を貫き台湾の文明開化に貢献しようとした明治の長州人たちの営為は、台湾の人々に受け入れられ、台湾が「世界一の親日国家」に至る基点となった。筆者は、彼らのことを同じ長州人として誇りに思い、ここ5、6年の間で、公私ともに俄かに台湾との関係が深まった立場から、さらなる日台関係の強化に幾ばくかの足跡を残せたらと心から願う……。

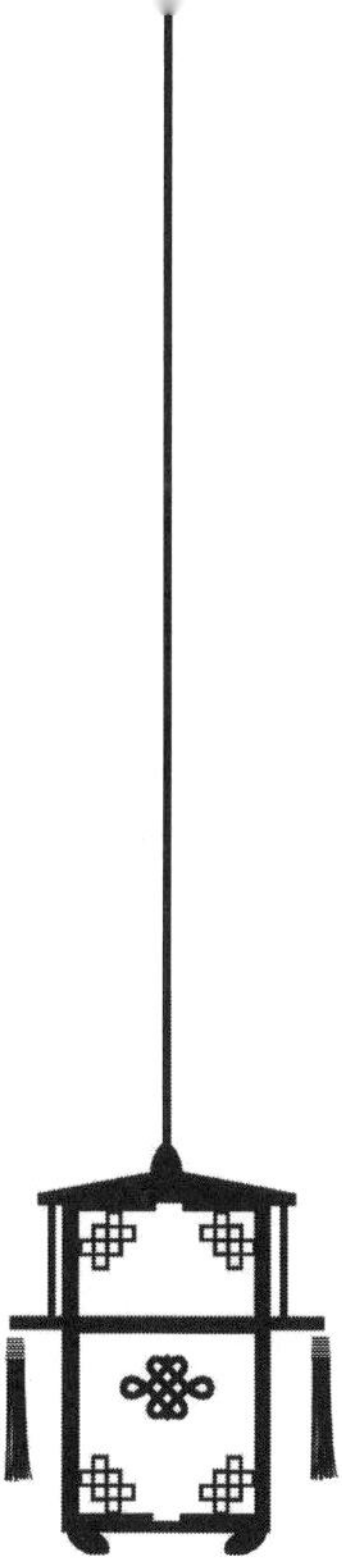

第4章

21世紀の台湾はどこへ向かうのか

4-1.「台湾人意識」の構築

台湾の近代化に長州人脈が大きく貢献したなら、台湾の民主化は李登輝ともにあったと言い切ってよい。そこまで李登輝の業績を評価する理由は、彼がグローバルな視点から台湾の民主化を切り拓いてきたからである（一方で、李登輝は、行き過ぎたグローバル経済には警鐘を鳴らしていたりする）。台湾の独立を主張しつつも、中国本土とも一定の距離を保ちながら発展していかなければ、グローバル社会における東アジア、ひいてはアジア全体の未来はないという立場を彼は取っている。そのためには、同じ国民党の馬英九が次の総統選で再選されないことを望むと明言したりもした（この李登輝の望みは叶えられた）。以下は、彼が自身の主張を余すところなく吐露した『新・台湾の主張』からの引用である。

これからの新台湾人は、「台湾は辺境」という過去の認識を改め、むしろ自国を地図の中心に据え、世界を眺めるようにすべきである（日本の世界地図はそうなっている！）。台湾は世界交通の要衝に位置し、そのために外来政権の侵犯を再三再四、受けてきた。（中略）その一方で、台湾は東西文明の接点として、また大陸国家と海洋国

家の交流の橋渡しとしての役割も果たしてきた。我々台湾人が民主と封建の激闘の洗礼をまともに受けざるを得なかったのは、こうした地理的要因のためである。しかし、そのおかげで、台湾は近代化への歩みを早めることができ、かつ多元的な文化を生み出してきた。（中略）台湾における民主体制は、中国の一党専制や開発独裁体制と大いに異なることは言うまでもない。民主台湾の存在は、アジアの民主陣営が拡大を図るのに最もふさわしい橋頭堡である。民主台湾の建設は、台湾一国のみならず、この地域に生きる諸国にとっても最高の「アジアの知略」となろう。民主台湾の存在こそ、アジアの未来を照らすものだ。[1]

台湾は、オランダ、明・清王朝、日本、中国国民党からの支配を受けてきた。その中では、中国大陸からの政権による統治期間が圧倒的に長い。また、明・清時代に福建省南部より移住した移民の末裔であるホーロー族に清朝時代に広東省南部から移住した移民の末裔である客家を加えた「本省人」も、蒋介石国民党政府の台湾移転及び台北遷都にともなって台湾に移民してきた「外省人」も、同じ漢民族である。その民族性ゆえに、台湾は「中国の一部」であり、台湾は「一つの中国」のもとに統一されるべきという精神構造が、国民党政府を中心に形成され、一つの政治的イデオロギーとして君臨してきた。

しかし、その主張は、論理的には大いなる矛盾を孕んでいる。アメリカは、イギリス国内の宗教的腐敗にプロテストした清教徒が17世紀に移民してきて、その理想主義的宗教精神のもとに「新しい英国」（New England）を作り、やがて建国に至ったプロテスタント国家である。だからと言って、21世紀の今日のイギリスで、アメリカは「イギリスの一部」であるという論議が持ち上がることはないし、これからも未来永劫ないだろう。台湾と中国もほぼ同じ関係にあるはずだ。だから、中国本土から逃れてきた国民党政府も、中国奪還を諦めた時点で、せめて「台湾独立」に舵を切るべきであった。それがなぜ、「一つの中国」なる大陸の野望に与することこそ台湾の生きる道というアイデンティティーロストの状態に至るのだろうか？

台湾は、もはやかつてのアメリカのように独立戦争を戦う必要はなく、国際社会の中で、形式上はともかく、実質上は独立した国家の扱いを受けている。あとは、李登輝が望んだように、「外省人」と「本省人」という壁を乗り越えて、新しい「台湾人意識」さえ構築されれば、大陸の「一つの中国」なる理不尽な野望がつけ入る隙はなくなるはずだ。その新しい意識は、新しい総統のもとで確立されると期待する。かなり横柄な物言いを許して貰えれば、それができなければ、蔡英文が新総統になった意味は半減すると断言してしまおう。台湾は、もうそう言い切れるステージにきていると感じるのだ。

こうした考え方の背後には、「法理台独」と呼ばれる主張が存在する。それは、サンフランシスコ講和条約で日本は台湾を放棄したが、その後の帰属先は明記されていなかった。ゆえに、台湾を継承する権利は台湾にあった。だから台湾の独立は自明の理だとする。この理のもとに独立運動を展開する人々を「老台独」と呼ぶ。第1章で述べた「天然独」(生まれながらに台湾は台湾だとする)の若者たちが新しい感性によって運動を展開するのに対して、「老台独」の運動は、法理論に依拠している。筆者は、この「法理台独」の立場を支持する。

台湾の新聞「聯合報」が2016年3月に行った台湾独立に関する世論調査では、以下のような結果であった。

「すぐに(中国から)独立」……………………19%

「先に現状維持をしておいて、後に独立」………17%

「永遠に現状維持」……………………………46%

「先に現状維持をしておいて、後に（中国に）統一」…………18％
「すぐに統一」…………………………………………4％[2]

この結果から、独立派は運動の盛り上がりに比して意外と少なく、現状維持派がサイレント・マジョリティーであることが分かる。「中国に統一されるのは嫌だが、だからと言って、今すぐ独立して、中国の影響力を完全に無視することはリスクが伴う。それゆえ、しばらくは様子を見ることが賢明だ」と考えているようだ。

その意味で、民進党の蔡英文の手綱さばきが重要性を帯びる。持続可能な経済発展とナショナル・アイデンティティーの定着に向けてのかじ取りは、彼女のリーダーシップとバランス感覚にかかっている。

さらに言えば、台湾は、これからも好むと好まざるとに拘らず、中国と関わっていかなければならない。経済的にも歴史的にも地理的にも台湾は中国との関係を完全に絶つということはできない。それは、考え方を変えれば、台湾は、中国の実態を世界中のどの国より正確に把握できる位置にいるとも言えるのだ。その位置から得られる情報に台湾独自のスタンスからの解釈を添えて世界に発信すれば、台湾は、グローバル社会における存在感をさらに高めることができるに違いない。

差し出がましさを許していただき、あえて持論を言わせて貰えば、中国との因縁というディスアドヴァンテイジをグローバルな視点というアドヴァンテイジに変換する機能を搭載することが、今後の台湾の命運を左右すると思う。

「「環島ブーム」と「台湾人意識」」

台湾では、島をぐるりと一周することを「環島」と呼ぶ。これは、台湾では日常的な語彙だと言う。移動手段は、自転車かバイクが一般的だが、自動車でも、あるいは徒歩でもいいらしい。筆者は、まだ「環島」に挑戦したことはないが、いつか鉄道を乗り継いでの自分なりの「環島」くらいはしてみたい。でも、それは台湾人の「環島」と同じ意味ではない。台湾人にとって「環島」は、日本人の「台湾一周」以上の意味がある。

台湾では、これまで、台湾の地名や都市名を覚えることよりも中国の地名や都市名を覚えることに教育の中心が置かれていたので、台湾人でありながら台湾のことをよく知らない人が多かったらしい。台湾のことをもっと認識したいという機運が沸き起こったのは、台湾重視の教育が始まり、民主化が成熟度を増した１９９０年代後半だったと言う。そして、台湾の人々は、教育という知的行為によって再認識した台湾を、「環島」

という身体的行為において、故郷の島フォルモサを肌で感じたいと思い始めた。したがって、「環島ブーム」は、単なるトレンドではなく、台湾人が自身の「台湾人意識」をより確かなものにしようとする文化的営みなのである。「環島」は、台湾人にとって、「ディスカヴァー・タイワン」というよりは、「ディスカヴァー・ワンセルフ」の意味を持つのだろう。

２０１５年12月に台湾サイクリングルート1号線（環島1号線）が開通して、自転車で台湾を一周することが容易になって、「環島」は一気に大衆化した。日本でも、２０１６年3月26日放送のＴＢＳテレビ番組『世界ふしぎ発見』で、タレントの鈴木ちなみがこの自転車による「環島」を体験レポートして話題となった。彼女は、台湾最北端の富貴角燈台からスタートして、逆時計回りで台北を目指した。亜熱帯から熱帯になる北回帰線に近くでは、海の色が濃い青から南国のエメラルドグリーンに変わっていく様子が、とても印象的だったと言う。

２０１５年1月、台湾で行われた国立政治大学の世論調査では、「自分を台湾人と思う」が60.6%、「中国人と思う」が3.5%、「台湾人かつ中国人と思う」が32.5%であった。この調査結果から、おおかたの台湾人は、中国からの独立はさておき、中国化教育からは脱却し、中国からの自立を指向し、「台湾人意識」を持ち始めていると言えよう。「環島ブーム」は、こうした台湾の人々の意識変革を背景にしての社会現象である。

「「環島」を扱った映画『練習曲』他」

『悲情城市』の侯孝賢監督のもとで長らく助監督を務めた陳懐恩が監督した『練習曲』は、主人公の聾唖の青年明相がギターを背負い、自転車で「環島」するプロットで、ドキュメンタリーなのかエンターテイメントなのか判断がつき難いくらい平坦なプロットの映画だが、筆者は、観終わった時点で、この映画はやはりエンターテイメントなのだという感慨に至った。なぜなら、主人公を演じた東明相は、現実でも聴覚障害者であり、彼が目と肌で感じ取る台湾の自然と人情及び全身で表現する感情は、会話より饒舌な表現の存在を観る者に教えてくれ、彼の表情と動作が陳懐恩監督の伝えたかったメッセージ性を帯びているからだ。アクションも恋愛も殺人もないエンターテイメントがあってもいい。

ちなみに、台湾では自転車のことを「鉄馬」と言い、自転車による「環島」は、「鉄馬環島」となる。さらに言わせて貰うと、蔡英文は屏東という台湾で最も南にある県にルーツを持ち、父親は客家人で、自転車ビジネスで成功した人物であった。

映画の中に写しだされた台湾は、本当に美しいし、地形は多様性に富んでいる。北部は山が多くその山は岩が多くごつごつしている。南部は東南アジア的樹木が生い茂っていて、南国特有のトロピカルな景観を見せる。西海岸は平野部が比較的多いが、東海岸は断崖絶壁が散在する海岸線である。

明相の「環島」は、自分探しの旅である。明相は、高雄で大学を卒業する前に、「今やらなければ、一生できないこともある」[3]と思い立ち、愛用の自転車のペダルを踏みだし、台湾の道をひたすら走る。とにかく、彼のペダルを踏み込む姿は、どのカットをとっても、台湾の大地から自分を感じ取ろうという強い意志が伝わってくる。そして、そのひと踏みひと踏みが、未来に向かっているように思えるのは、明相が障害を抱えながら必死に生きようとしているからだろう。明相がもし健常者で、饒舌であったら、この映画のメッセージはベタ過ぎて、観るのが少し気恥ずかしかったかも知れない。不遜な言い方かも知れないが、会話ができないぶん、明相は、一切の美辞麗句を排して、心と心で直接的なコミュニケーションを取ろうとするのだと感じた。筆者にも聾唖の実弟がいることに免じて、感覚で物を言う行為を許して貰いたい。

この映画の主要スポンサーとなった世界的な自転車メーカー・ジャイアントの創業者劉金標会長は、ジャイアント本社がある台中の上映会において、前述の「今やらなければ、一生できないこともある」というセリフに感銘し、70歳という高齢をおして、自転車による「鉄馬環島」を決意し、見事にそれを実行して見せた。そして、彼の快挙は、台湾中の話題をさらった。

現在では、ジャイアントは、「環島」を扱う旅行代理店を設立し、宿泊施設などをパッケージしたプランを提供している。その意味で、映画『練習曲』は、台湾に一つのライフスタイルを提唱し、そのヒットにより、台湾独自のスポーツ&レジャー文化を創造したと言えよう。

加えて、台北市が世界に誇る都市交通手段である自転車シェアリングシステム"Ubike"について少し触れておこう。シェアバイクシステムは、通勤やレジャーに際して自転車を借り出して移動し、それが人々の健康や自然環境によいことから、その延長線上に新たなライフスタイルさえも創造しようとするシステムで、世界で約1,000の都市で採用されている。しかし、盗難や駐輪マナーの問題、さらには、利便性を高めるに欠かせないステーション数確保にかかるランニングコストの問題などもあり、殆どの都市で成功しているとは言えないのが現状だった。

ところが、2009年から導入された台北の"Ubike"は、ジャイアントの強力サポートのもと、地下鉄駅構内への"Ubike"案内所設置、コンビニやタクシーで使える"Easy Card"で簡単に利用できる体系の構築などによって、世界で初のサクセスストーリーを生みだした。それは、利用者がどこで借り出してどこに戻したいのかについての追跡調査の賜物でもあった。現在、台北市には、世界中の多くの都市から視察団が殺到している。

ちなみに、この「環島」をブームにまで押し上げた映画としては、『練習曲』の他に『南風』、『遠い道のり』、『不老騎士』などがある。

『南風』は、自転車の旅を通して、日本と台湾の若者たちが交流し、最後には恋も芽生える青春映画で、監督は日本人の萩生田宏治。『千と千尋の神隠し』の舞台と言われる九份、台湾のヴェニスと呼ばれる淡水、素晴らしい景色が楽しめる湖の日月潭など、魅力溢れるスポットが堪能できる。

林靖傑監督の『遠い道のり』は、不倫、傷心、離婚の危機といった大人への通過儀礼を経たヤング・アダルトたちが、再生を模索する過程で、「環島」をキーワードに昔を懐かしみ、その思い出に精神的浄化作用（カタルシス）を求める作品だ。大都会台北の生活に疲れた男女三人が、それぞれの「環島」に旅立ち、自然豊かな台湾東岸の町台東で交錯する。

『不老騎士』は、平均年齢81歳の老人たちがバイクで「環島」するストーリーだ。バイクは中国語で「機車」なので、バイクによる「環島」は、「機車環島」となろう。集まった老人17人は、職業も地位も宗教も違うが、何よりの違いは、「省籍」が違うことである。「外省人」と「本省人」は、言語的壁によって、コミュニケーションが上手く取れないのだ。若い世代には、標準中国語がいき渡っているが、この世代は、「外省人」は中国語を話し、「本省人」は台湾語と日本語のバイリンガルだ。つまり、本作に登場する老人たちは、日本と中国との間で揺れ動かされ、自己の拠り所が揺らいだ世代とも言える。

その世代が「機車環島」という行為を通じて「省籍」の違いを乗り越え、和解が生まれて、さらに新しい「台湾人認識」が生まれている点が、この映画の意味深いところだ。加えて、この『不老騎士』が台湾藝術大学大学院生だった華天灝監督（当時26歳）によって製作されたという点にも、別の意味が潜在していよう。省籍問題は、風化してしまった問題ではなく、若い世代にとってもいまだ意識するリアルな問題なのだ。

4-2. 台湾人にとっての「日本精神」(リップンチェンシン)

台湾人が自分たちを中国人と差別化しようとするとき、台湾独自の「台湾人意識」に加えて、日本の統治時代に日本人から学んだ「自己犠牲」、「誠実」、「勤勉」、「責任感」、「遵法」、「清潔」など、一言に要約すれば「日本精神」の継承を挙げる人が少なくない。その理由は、中国が国民精神としては持ち合わせていないものだからである(個人的に持ち合わせている中国人は少なくない)。それは、新渡戸稲造が主張した「武士道精神」と言い換えてもよかろう。本書でこれまで名前を挙げた日本人たちは、ことごとくこの「日本精神」、すなわち「武士道精神」の体現者である。台湾と台湾人に受け入れられた人もあれば、受け入れられなかった人もあるが、彼らは皆、日本と日本人の利益だけを考えて行動したのではなく、台湾人の立場から事象を捉える視点を有していた。台湾の鎮圧に明け暮れたかのように伝えられている乃木希典第三代台湾総督でさえ、「台湾施政モ誠ニ苦々敷事許リ(にがにがしきことばかり)、人民ノ謀反モ無理カラヌ事ニ御座候」[4]と言っているのだ。

太平洋戦争前まで国立台湾博物館の中央に置かれていた第四代台湾総督児玉源太郎とその右腕として台湾の治世に貢献した後藤新平の銅像は、戦後、蒋介石によって撤去を命じられた。しかし、心ある台湾の人々によって、二つの銅像は秘密裏に地下に隠され、保管された。そして、半世紀余りの時を経て、館内に再び展示された。これは、日本統治時代の台湾人が如何に「日本精神」の具現者たちに尊敬の念を以って接していたかを証明していよう。台湾が世界一の親日国家になった背景には、台湾の人々が信頼した「日本精神」が存在する。

ここで、少し、その時期の日本が支配した台湾と韓国を比較してみたい。日本は、台湾割譲の15年後、日韓併合を為した。そして、台湾で行ったと同じようにインフラ整備を実施し、韓国の近代化を進展させようとした（もちろん、その背後には、韓国の近代化を日本の富国化に繋げようとする政治的思惑は、台湾統治のときと同様に厳然と存在した）。それなのに、初代韓国統監伊藤博文は安重根に暗殺され、韓国は世界一の反日国家になった。親日台湾と反日韓国の違いは、何が主要因だったのだろうか。

韓国は、千年以上も大陸の中国文明を受け入れてきた歴史があり、その文明の形成過程では、日本より先んじていたという誇りがあった。筆者は、その歴史的誇りこそが、韓国をして、日本支配に対する強烈な反感を呼んだと考える。それに対して台湾は、オランダ支配を経験したし、もともとの先住民はポリネシア、マレー系民族であった。台湾には、中華文明を韓国のように特別の思い入れをもって受け入れる精神的土壌がなかったのではなかろうか。この点は、多くの人が見落としてしまいがちな視点のはずだ。台湾の人々は、オランダも中国も日本も、横一線で、どの国の統治が台湾に一番恵みを与えてくれたかという純粋な比較論を展開し易かったのではなかろうか。その比較論の中では、日本の統治時代が圧倒的に高い評価を台湾の人々から得た。素直に統治国の努力と実力を評価する南国の人々特有の大らかさが、台湾を親日に導いたと考えられる。言い換えれば、台湾はリアリズムの場とも言える。韓国は、台湾人程ドライにはなれず、ウェットな感情が前面にでたロマンティシズムの場であった。「日本精神」を評価することは韓国人の感情（誇りとも言える）が許さなかったはずだ。

韓国は、その誇りを武器に反日感情を朝鮮文化特有の「恨」に昇華し、自国を近代化していったのであり、台湾は、「日本精神」から学ぶべきを学び、そこから芽生えた親日感情の中で、自国を近代化していったのであった。親日対反日とベクトルは完全に逆を向いた台湾と韓国であるが、日本を強烈に意識しているという点では共通している。無関心こそが最大の敵対心の表明であるなら、反日と嫌韓がぶつかり合う日韓関係にも、やがては一条の光が射す日がやってくると思いたい。

[『台湾人生』から読み解く台湾人意識]

「台湾人意識」の確立に「日本精神」が貢献してきたことを強く示唆する著書が酒井充子の『台湾人生』であり、自身が監督を務めた同名の映画『台湾人生』である。彼女が筆者の生まれ育った山口県周南市出身であることを知って、「何たる偶然か」と驚くとともに、同郷の者として、彼女の存在をとても誇りに思う。

まず映画が2009年に公開され、その2年後に本が出版されている。本も映画も、日本の統治時代に「日本精神」を受け取った台湾の人々へのインタヴューで構成されている。インタヴューを受けた人たちのほとんどは、「日本精神」へのリスペクトの念を示していると同時に、日本に裏切られた感慨をも述べてもいる。さらには、「日本精神」を忘れかけている現代日本人に対して、苦言を呈している人もいる。それくらい、「日本精神」は、日本統治を経験した世代の台湾人にとって大きな影響を与えたものであり、台湾にこそ、その「日本精神」が残っていると、『台湾人生』は主張しているかの

ようでもある。加えて、そこには、「日本人が台湾に残した『日本精神』を、これ程までに大切にして、あるいは引きずって21世紀を生きている台湾の人々の魂よ、日本人に届け！」との作者のメッセージも込められていよう。

『台湾人生』の中で、一人目に登場している陳静香さん（1926年生まれ、基隆在住）は、「日本はどうしてドイツと同じように、近隣諸国の被害を受けた人たちがちゃんと心ゆくまで補償してやらないの？」[5]と疑問を呈した上で、「でもやっぱり、日本人好きなの。いろんなマナーもいろんなしきたりもお茶でもお花でも池坊でも、わたしちゃんと生けますよ。そういうマナーをわたしは20歳までにひととおり習ってきたんですから。ほんとうの日本人ですよ」[6]と言い切っている。

1920年代中葉に生まれた台湾の人々は、日本には二度裏切られたと感じている人が多い。一度目は、太平洋戦争に敗れた日本人が台湾を引き揚げたときだ。致し方なかったとは言え、台湾人が直後に受けた国民党からの弾圧を思えば、我々日本人は、台湾人のやるせない思いをしっかり認識しておくべきである。陳さんは、その件に関して、「日本も戦後は大変だったよ。大変でも（引き上げ後は）日本人は殺されなかったでしょ。我々は、（国民党軍によって）、殺されたのよ」[7]と訴えている。そして、二度目の裏切りは、1972年、日本が中華人民共和国（中国）と国交を回復し、中国を唯一の政府と認め、中華民国（台湾）を切り捨てたときである。『台湾人生』の著者が九份で知り合った楊水さん（1926年生まれ、雑貨店経営）は、「私たちから見ると、1972年以降の日本の対中国外交政策は弱腰に感じるようで、日本の中国に対する外交政策は、あまりにも頭を下げ過ぎている」[8]と苦言を呈している。

蕭錦文さん（1926年生まれ、元日本兵）は、日本に忠誠をつくすためにビルマ戦線で戦い、戦後、「2.28事件」では拷問を受け、「白色テロ」では弟を亡くすという過酷すぎる運命を生き延びてきた。彼の好きな歌は、「戦陣訓の歌」だと言う。その歌は、「日本男児と生まれきて、戦いの場《にわ》に立つからは、名こそ惜しめ、つわものよ。散るべきときに清く散り、みくににかおれ、桜花」と綴られる。蕭さんは、「日本軍人として戦った相手の敵の国の籍に入れ替えられて、なんだろうと僕は日本政府を恨んだですよ」[9]と嘆きつつも、「台湾は日本のおかげで、70％以上が義務教育を受けていたでしょ。でも、イギリスは、二百年も統治したのに、シンガポールのほとんどの人は文盲。文化が低いと感じました」[10]とも話している。

台湾原住民パイワン族クスクス村出身のタリグ・プジャズヤンさん（1928年生まれ、元立法委員）は、先住民と彼らを皇民化させようとした日本警察との関係を以下のように言っている。

日本人の警察は、原住民（台湾の人々は自分たちをこう呼ぶ。理由は次章に詳述）と同じような生活をして、原住民を嫌わないで、原住民風な身なりをして暮らしていた。そこまでやったんですよ。だから、親しまれたんですね。でも、原住民と警察との関係がよくないところもあった。霧社がそうだったんですね。[11]

このタリグさんの言葉から、全ての先住民と日本警察の関係が映画『セデック・バレ』のような敵対関係にあったのではなく、おおかたの社では、上記のように一定の信頼関係にあったことが分かる。また、児玉源太郎と後藤新平の治世については、次のように評価している。

第四代台湾総督、児玉源太郎の民政長官をやっておった後藤新平に感心したのは、日本の台湾に対する政策は、台湾の伝統的風俗習慣に障害をもたらさない程度にやる、つまり、台湾の伝統的文化を維持していきながら政策をとるというのが、あの人の主張なんですよ。原住民の文化はそのまま維持していく。しかし、教育は教育としてやる。それがいいじゃないか、と。[12]

ここでのタリグさんのように、多くの「高砂族」の人々は、一般の台湾人の日本への信頼より一層深い信頼を抱いていた。だからこそ、「高砂族」の男性の多くが、日本人になりきって日本兵として勇敢に戦ったのだ。彼らは、日本人になりきることで、差別から解放されようとした側面があったかも知れない。

ともあれ、『台湾人生』は、約1世紀前、台湾人と日本人とが同じ思いでフォルモサの大地で汗を流し、アジアの近代化を牽引する国家建設を目指した時代があったことを、今や残された時間がそう多くはなくなった日本統治を体験した世代へのインタヴューを通してリアルに伝えている。そこからは、大和民族と漢民族、喜びと悲しみ、期待と落胆、そして信頼と裏切りが混然一体となって、日本が台湾史に刻んだ一章を垣間見ることができる。

同名の映画『台湾人生』は、基本的に内容は本と変わらない。「美麗島」の今を生きる台湾先住民や日本時代を経験した本省人たちの姿が、美しい自然とともに写し撮られている。加えて、「高砂族」の生活ぶりを伝える映像、「2.28事件」の実写映像などは、とても貴重な歴史資料だ。使用言語の大半は日本語である。インタヴューを受けた台湾の人々は、どの人も誇らしげに、あるいは懐かしげに日本語を話している。彼らは血統的には日本人ではないが精神的には本土の日本人より日本人らしい。こんなにも純粋な日本人は、現在日本列島には生存していないだろう。蕭錦文さんは、「日本政府に対して、日本のために死んでいった台湾人に労いの言葉だけ欲しいのだ」[13]と訴える。その姿は鬼気迫るものがある。この表情は、映画でしか伝え得ない。かなり重いテーマで貫かれる映画のタッチに対して、音楽を担当したジャズギタリスト廣木光一のアコースティク・ギターがいい味をだし、映画にポップな彩りを添えている。

酒井充子が溢れる情熱で撮影した『台湾人生』の続編とも言うべき『台湾アイデンティティー』も、是非見て欲しい珠玉のドキュメンタリー映画だ。そこでは、「日本精神」の継承こそが台湾人に中国人との差別化を齎し、ひいては独自の「台湾人意識」の形成に繋がるであろうことが、前作より強く示唆されている。その意識は、酒井の言葉では「台湾アイデンティティー」となるのであろう。

ちなみに、冒頭の先住民のお祭りのシーンでは、明らかにマレー・ポリネシア系の血を引く顔立ちの人が多く写しだされている。そこからは、フォルモサの民のルーツを再確認できる。18歳で日本海軍に志願し（霧社事件以前も以後も、高山先住民志願兵は多かった）、その功により、あと一週間で日本にいって勉強する予定だったツオウ族の鄭茂李さんは、日本の敗戦に対して、溢れる涙を押し殺して、以下のように声を絞りだしている。

当時の男ね、兵隊になれたら一番名誉な身柄だから、みんな争って兵隊にいきます。(中略)あと一週間で日本へいって入学する予定でした。でも日本は負けた。もう日本にいって勉強する機会はなくなりました。とっても泣きました。私、当時は完全な日本人だと思っていました。でも日本人にはなれなかった。(中略)惜しいことに日本が戦争に負けたから、私たちも負けた。(込み上げる涙をこらえながら)それも私の運命だったんでしょう。[14]

こうした、悲しい体験を運命として受け入れる人間性こそが、常に被支配者に甘んじてきた歴史の中で台湾人が身につけた生きる術の一つなのかも知れない。しかし、中国への接近から台湾の独自性追求に舵を切ろうとする蔡英文を総統に選んだ台湾の民意は、上記のような被支配者としての運命に終止符を打ち、「新しい台湾アイデンティティー」を確立しようとする事実上の独立宣言だったと言えまいか……。

[「湾生」と映画『湾生回家』]

この項の最後で、日本人でありながら、台湾に自分たちのアイデンティティを求めようとした人たちがいたことを記しておこう。それは、歴史のうねりの中で、忘れかけられていた「湾生」たちのことだ。「湾生」とは、日本統治時代に台湾で生まれ、台湾で育った日本人たちのことだ。しかし、彼らは、太平洋戦争終戦後日本に帰国（回家）しなければならなかった。彼らは紛れもない日本人だが、彼らの故郷は、これまた紛れもなく台湾なのである。

そんな彼らの存在を描いた映画が、2015年の師走、台湾で公開され、1ヵ月以上のロングランになった。その台湾映画が黄銘正監督の『湾生回家』だ。台湾では、おりからの「懐日」ブームの中で、映画館で涙する若い世代が多く見られたと、筆者の台湾の友人は教えてくれた。日本では、2016年春の「第11回大阪アジア映画祭」で初公開されたというが、筆者はそれを見逃し、晩秋に東京の岩波ホールでようやく鑑賞した。こんなとき、最近稀有になってきた地方都市に住む悲哀を、久しぶりに感じたりもした。映画の中で、「湾生」たちが生まれ育った「花蓮のあの自然、景色をそのまま日本へ持って帰りたい」[15]と語るシーンに、思わず涙ぐんでしまった。「湾生」たちの多くにとって、台湾が故郷であり、そこを歴史の流れに巻き込まれて去ることは、耐え難いアイデンティティーロストであった。そんな日本人がかつて存在したことを、台湾人に思い起こさせ、日本人に知らしめた映画『湾生回家』は、歴史の狭間に落ちこぼれていた人たちのアイデンティティーを復活させたという意味において、とても重要な映画である。

4-3. 台湾の人々へのインタヴュー

ここに登場する人たちは、筆者と交流関係にある人もいれば、誰かに紹介して貰って初対面だった人もいる。はたまた、筆者が客員教授を務める台湾・開南大学で筆者の集中講義を履修してくれた大学院生もいる。心がけたことは、今後の台湾の将来を担っているという意味で、できるだけ若い世代中心の構成にしようということであった。それでも、中年層、高齢者層の意見も入れないと偏ったインタヴュー報告になるので、年齢に若干の多様性を持たせた。しかし、台湾の社会的ヒエラルキーにおける最上層と最下層は、筆者が取材可能なフィールドワーク内には存在しない。それなので、このインタヴュー集は、台湾の中間層の、言い換えれば台湾の多数派の意見を代弁しているに過ぎないと思って貰ってよいだろう。

なお、最後の質問で好きな台湾ポップスのアーティストを挙げてもらっているが、そこに名前が挙がっているアーティストの音楽性は、次の章で、ある程度理解して貰えるように構成している。お楽しみに！　あと、結果的にではあるが、インタビューユーを受けてくれた人たちの出身地は、バラエティの富んだものになった。地域特性が明瞭な台湾では、この要素も日本での調査以上に重要性を帯びるのだ。

李佩沁（Amber：25歳、女性、台北出身）

Amberは、現在、フィリピンのセブにある語学学校（QQ English）でインターンシップ生として働いている。仕事は、マクタン・セブ空港での受講生の歓送迎からオリエンテーリング、健康管理（病院への付き添いも含む）、その他雑用まで多岐に渡る（実は、山口大学国際総合学部の女子学生4人も、このQQ Englishで、半年間、インターンシップ生として働きながら英語を勉強している）。

Q：台湾と中国との関係はどうあるべきと思いますか？

A：台湾経済は、十分な国際競争力がついたと思うので、中国からの独立を願う。オリンピックでも台湾という「国名」を使いたい。「チャイニーズ・タイペイ」なんて呼ばれてもピンとこない。

Q：台湾の問題点は、何だと思いますか？

A：台湾の製造業は、部品メーカーが多い。今後は、オリジナルな商品開発に乗りだすべきだ。

Q：あなたの日本に対するイメージは？

A：日本人については、礼儀正しい、時間を守る、仕事に対して誠実などのイメージを持っている。日本に対しては、ポジティヴなものとして、清潔、創造的、先進国などのイメージがある。ネガティヴなものとして、外国人に対して表面的には親切だが、アパートを借りるとか、仕事に就くとかの現実面では、受容度が低いと思う。

Q：台湾は親日国家だと言われますが、日本の統治時代に対する反日感情はありませんか？

A：日本は、統治時代に、産業、教育、インフラなどいろんな面で、台湾の近代化を促進してくれた。しかし、その過程で台湾の資源を利用したというわだかまりは、少しある。

Q：台湾が世界に誇れるものは何ですか？
A：美しい島フォルモサ、フルーツ、夜市、外国人に親切。
Q：なぜ、フィリピンでインターンシップをしているのですか？
A：英語がもっと上手くなりたい。海外インターンシップ（半年契約）は、とても良い経歴になる。
Q：好きな台湾のシンガーまたはグループは？
A：蔡依林（Jolin）、張恵妹（A-Mei）。

荀元川（Austin：29歳、男性、嘉義出身）
Austinは、QQ Englishで正式なスタッフとして働いている。担当は、台湾と中国のマーケティング。セブの語学学校の多くは、韓国、日本の次は、中華圏に狙いを定めている。

Q：台湾と中国との関係はどうあるべきと思いますか？

A：台湾は独立国家である。その意味で独立路線の民進党を支持している。

Q：台湾の問題点は、何だと思いますか？

A：この10年間、賃金体系に全く変化がない。中国と上手くやっている人たちだけがいい思いをしている。また、国内で仕事を見つけるのが難しい。

Q：あなたの日本に対するイメージは？

A：日本人は、台湾人に似ている部分がある。しかし、台湾人に比べて、意見をはっきり言わない。

Q：台湾は親日国家だと言われますが、日本の統治時代に対する反日感情はありませんか？

A：あまりない。それどころか、日本は統治時代に台湾の近代化に貢献してくれた。その点で感謝さえしている。

Q：台湾が世界に誇れるものは何ですか？
A：台湾人の柔軟性。あまり考えすぎないですぐ行動に移すアグレッシブな姿勢。
Q：なぜ、フィリピンで仕事をしているのですか？
A：海外経験は、将来、何らかのかたちで必ず役にたつと信じている。
Q：好きな台湾のシンガーまたはグループは？
A：五月天（Mayday）、韋禮安（Weibird）。

唐智盈（Revenna：33歳、女性、台中出身）
Revennaは、台北の台湾伊藤忠商事で働いている。担当は、法務・審査・事業管理などの経営管理一般である。大学時代にアメリカ留学も経験している。両親とも公務員で、学校でも家庭でも国民党教育を受けてきたと言う。

Q：台湾と中国との関係はどうあるべきと思いますか？

A：学校でも家庭でも国民党の理念を教えられてきたが、大学時代の友達との会話やアメリカ留学を通して、台湾人としてのアイデンティティーが芽生えてきた。中国からは独立すべきだと思う。

Q：台湾の問題点は、何だと思いますか？

A：深刻な高齢化と少子化が同時にやってきて、経済が行き詰っている。さらに、かなりの学歴社会なので、社会格差が激しい。今後は、格差是正のためには、職業訓練に力点を置いた教育（ドイツのような教育体制）が必要と思う。

Q：あなたの日本に対するイメージは？

A：個人より組織優先の社会だと感じる。また、上司と部下、先輩と後輩などの上下関係のはっきりした縦型社会だとも感じる。上司より先に退社し難い雰囲気もある。日本人は、少し働き過ぎと言えるかも知れない。

Q：台湾は親日国家だと言われますが、日本の統治時代に対する反日感情はありませんか？

A：自分としてはない。祖母は日本の警察は厳しかったと言っていたが、それでも、その厳しさのおかげで治安が良かったとも言っていた。

Q：台湾が世界に誇れるものは何ですか？

A：台湾は小さな島だから、国際社会の動向をいつも注視していなければならない。そこから身に着けた台湾人の国際性を誇りに思う。

Q：なぜ伊藤忠商事で働こうと思ったのですか？

A：小学生の頃から日本文化に憧れていて、中学から日本語を勉強し始めた。大学時代に修得した英語と合わせて、国際的な場で働きたかった。

Q：好きな台湾のシンガーまたはグループは？

A：蕭敬騰（Jam Hsiao）、張恵妹（A-Mei）、五月天（Mayday）。

徐紋琪（Kelly：31歳、女性、台北出身）

Kellyも台湾伊藤忠商事で働いている。担当は、董事長秘書である。先祖が花蓮（台湾意識の高い町）で生活していたと言う彼女は、若い人には珍しく、自分のルーツを強く意識しているように見えた。

Q：台湾と中国との関係はどうあるべきと思いますか？

A：台湾は、独立国家としての立場を世界に対して明確にしていくべきだと思う。両岸（台湾と中国）の歴史に関して、高校までの教科書に書かれていたことと現実との違いを感ずる。正しい歴史教育が求められている。

Q：台湾の問題点は、何だと思いますか？

A：学生たちは、学歴社会で生き残る勉強中心になっている。それが若者の政治離れにつながっており、結果として、若者の台湾人としての意識が分裂しているのではないか。

Q：あなたの日本に対するイメージは？

A：日本人は、とにかくよく働く。時々、「何のためにそこまで働くのか」と思うこともある。加えて、集団主義であり、「自分の生きがいはどこにあるのか」

と不思議に感じたりもする。

Q：台湾は親日国家だと言われますが、日本の統治時代に対する反日感情はありませんか？

A：祖父母は、日本の皇民化教育を受けてきた。したがって、映画『セデクバレ』で描かれていた「自分たちはセデクの子で、天皇の子ではない」という感情には共感を覚えた。

Q：台湾が世界に誇れるものは何ですか？

A：小さな島から世界を動かす力を持っている。

Q：なぜ伊藤忠商事で働こうと思ったのですか？

A：世界のどこへでも出かけていく精神に憧れ、自分もそういう人材になりたかった。社員を家族のように扱おうとする社風も好きだった。福祉制度も充実している。

Q：好きな台湾のシンガーまたはグループは？
A：張恵妹（A-Mei）、蔡依林（Jolin）、黄麗玲（A-Lin）。

林家瑋（Sindy：35歳、女性、台北出身）
Sindyは、台北101の傍に立つ世界貿易中心の5階にある山口県美禰市台北観光・交流事務所で働いている。以前は産経新聞の台北支局で勤務していたこともあると言う。「とにかく仕事が好き」と公言する根っからのビジネス・ウーマンだ。

Q：台湾と中国との関係はどうあるべきと思いますか？
A：中国とは良好な関係を維持した方が賢い。中国市場は、台湾にとって大切だからだ。政権が代わって、そのことが疎かになっていると感じる。独立志向は、一過性のものだと思う。

Q：台湾の問題点は、何だと思いますか？
A：今の若者は、国際的視野が狭い。青（国民党）か緑（民進党）かという二者択一の議論から脱出できていない。それゆえ、自分たちとは違う意見を受け入れ難い。ネット上の書き込みなどを見るとそれを痛感する。

Q：あなたの日本に対するイメージは？

A：都市環境が整っている。街がとってもキレイ。経済力と商品化能力に優れているイメージ。しかし、アジア系にとって日本は住み難いと言えるかも知れない。日常生活に問題はないが、不動産屋で住まいを探すとき特に難しいと思う。また、日本人は、イエスかノーかをはっきり言わない。日本人の「前向きに検討します」が必ずしもイエスではないことを理解するまで時間がかかった。

Q：台湾は親日国家だと言われますが、日本の統治時代に対する反日感情はありませんか？

A：反日感情はゼロ。

Q：台湾が世界に誇れるものは何ですか？

A：人々の人情味。

Q：山口県に関わる仕事をしてみての印象は？

A：山口県と美禰市の知名度が低い。山口に対しては、自然が豊かで、なぜか首相を沢山輩出しているという印象を持っている。

Q：好きな台湾のシンガーまたはグループは？

A：周杰倫（Jay Chou）、張恵妹（A-Mei）、蔡依林（Jolin）。

温宏元（Adam: 38歳、男性、新竹出身）

Adamは、彰化にある大葉大学の日本語学科のアシスタントをしている。日本と日本文化に興味のある学生のお世話を担当している。

Q：台湾と中国との関係はどうあるべきと思いますか？

A：歴史も文化も違う。経済的には中国に頼っている現実があるが、だからと言って中国に統一される必要はない。台湾は一つの国として認められるべきだろう。「台湾」として、あるいは「中華民国」としてオリンピックに参加できる日がくるといい。「チャイニーズ・タイペイ」という表現には違和感がある。

Q：台湾の問題点は、何だと思いますか？

A：台湾の政治だと思う。自分にとっては、国民党も民進党も同じだ。政治活動が政党の方を向いてなされていて、国民に向いていないと感じる。

Q：あなたの日本に対するイメージは？

A：日本人は親切で、フレンドリーなイメージがある。それと、テレビ番組がとても面白い。家事のことを扱った番組でも、クリエイティブだ。「こんな収納法があったのか！」と思わず唸ることもしばしばある。また、日本は、台湾と違ったかたちでレトロなものを残している。

Q：台湾は親日国家だと言われますが、日本の統治時代に対する反日感情はありませんか？

A：生まれたときから、日本人を特別な目と感情で見たことはない。

Q：台湾が世界に誇れるものは何ですか？

A：食べ物の多様性。例えば、彰化には肉圓というちょっとミートボールのような食べ物があって、とても美味しい。その土地特有の食べ物があって、そこにその土地の食文化が凝縮している。

Q：好きな台湾のシンガーまたはグループは？

A：S.H.E.、張恵妹（A-Mei）、黄麗玲（A-Lin）。

陳文瑤（Chen Wenyao：46歳、女性、台南出身）

Chen さんは、いつも交換留学生の派遣・受け入れで電話やメールで連絡しあう筆者にとっては既知の人である。大葉大学の副教授（応用日語學系）で、温厚な人柄で、割と（他人の目からはかなり）直情型の筆者にはない分別があるので、交渉は、自然と落ち着くところに落ち着く。

Q：台湾と中国との関係はどうあるべきと思いますか？

A：両岸関係にとって、自然に歩み寄るのが一番良い。台湾のアイデンティティーが担保されるという大前提で、統一されるのが良いと思う。もともと一つの国なので。

Q：台湾の問題点は、何だと思いますか？

A：政党争いの繰り返しに終止符を打てるか否かの問題が残っている。その繰り返しの中では、どうしても目先のことに気がいきがちで視野が狭くなり、大局を捉えた政治が実行できない。

Q：あなたの日本に対するイメージは？

A：日本人は、すごく真面目な国民性だったが、その日本人の美徳が、日本の若者の間では崩れ始めていると危惧する。あと、これは若者に限ったことではないが、酒が入る前と入った後では人格が変わり、「突然、何がおきたのか」と驚くことがある（「酒の席のことだから」という言い訳が通用するのは、日本社会だけだろう。この Chen さんの指摘を日本人は真摯に受け止めなければならない）。

Q：台湾は親日国家だと言われますが、日本の統治時代に対する反日感情はありませんか?

A:祖父母は、日本統治時代の日本の警察は怖かったとよく言っていました。だから、母には反日感情がありました。

Q:好きな台湾のシンガーまたはグループは?

A:蘇打緑(Sodogreen)、王宏恩(Biung:大葉大学の出身)。

劉淑恵(Lin Formosa:50歳代、女性、屏東出身)

Linさんは、国立高雄師範大学の副教授。山口大学の台湾研修(2016年3月)のコーディネイトしていただいたこともあり、筆者とは既知の仲だ。自らFormosaを名のるあたりに彼女の台湾人意識が垣間見られる。

Q:台湾と中国との関係はどうあるべきと思いますか?

A:現在でも、台湾は独立国家。だから、国民党政府から継承した中華民国を名のっていることにさえ異を唱えたい。世界に国家「台湾」を認知して欲しい。

Q：台湾の問題点は、何だと思いますか？

A：蔡英文政権になっても、国民党の勢力はまだまだ強い。民進党が思いどおりの政権運営を行えるには、まだまだ時間がかかる。

Q：台湾は親日国家だと言われますが、日本の統治時代に対する反日感情はありませんか？

A：父母は日本統治時代の生まれ。だから当然ながら反日感情はあったと思う。しかし、個人的には、反日感情はあまりない。一般的に言って、中国政府との関係を重視してきた台北を中心とした北部は反日感情が残っている、あるいは立場上そう言わないと困る人も多いだろう。一方、高雄を中心にした南部は、国民党が中国での政権争いに敗れて台湾に逃げてくる前から、台湾人としての民族意識が強い。だから、政治的理由でことさら反日感情を訴える人は少ないと思う。

Q：好きな台湾のシンガーまたはグループは？

A：江蕙（Jody Chiang）、陳達（Chen Da）。

林奐禎（Jimmy: 22歳、男性、桃園出身）

Jimmyは、開南大学大学院生で、長身のとても心優しい典型的台湾人好青年だ。顔立ちにそれがにじみ出ていると思う。

Q：台湾と中国との関係はどうあるべきと思いますか？

A：このまま中国との関係を維持しても、経済が好転するとは思わない。台湾は日本統治時代のインフラ整備や文化遺産を評価し、感謝もし、懐古の念も込めて大切にしようとしている。それらを意識的に否定しようとする中国とは文化や考え方の方向性が違う。それを考えると独立すべきと思う。

Q：台湾の問題点は、何だと思いますか？

A：若者の就業率が低い。給料も上がらない。

Q：あなたの日本に対するイメージは？

A：日本人は親切で礼儀正しい。反面、態度がはっきりしない。嫌なことは嫌とはっきり言った方がいい。

Q：台湾は親日国家だと言われますが、日本の統治時代に対する反日感情はありませんか？

A：若者たちの間ではないと思う。祖父母世代には、日本統治時代を苦渋の感情で語る人もいる。また、原住民の人たちには今でも反日感情を抱いている人もいると思う。

Q：台湾が世界に誇れるものは何ですか？

A：台湾人のやさしさ、タピオカ・ミルクティー、夜市、外食文化。

Q：好きな台湾のシンガーまたはグループは？

A：五月天（Mayday）、伍佰（Wu Bai）＋China Blue。

林儀臻（Angel: 22歳、女性、桃園出身）

Angelは、開南大学の大学院生で、応用日本語学科で学んでいる。今どきの女子学生で、短いフレーズで会話が進む。日本のオジサンには、もう少し詳しく言って貰うとインタヴューしたと言う気になるのだが、ここは若者のトレンドを受け入れるしかない。

Q：台湾と中国との関係はどうあるべきと思いますか？

A：独立すべき。民族性が全然違う。

Q：台湾の問題点は、何だと思いますか？

A：東南アジアの人たちが台湾の人たちの雇用を奪っている。

Q：あなたの日本に対するイメージは？

A：文化の多様性、過労死。

Q：台湾は親日国家だと言われますが、日本の統治時代に対する反日感情はありませんか？

A：若者にはない。祖父母世代は人による。

Ｑ：台湾が世界に誇れるものは何ですか？

Ａ：マンゴー・アイス。

Ｑ：好きな台湾のシンガーまたはグループは？

Ａ：欧陽菲菲（Ou-Yang Fei Fei）。

黄莉媖（Huang Li Ying：50歳女性、台北出身）

Huang さんは、開南大学の大学院生で、筆者の集中講義中は、中国語を上手く発音できない筆者に気をつかって「コウさん」と呼んでくださいと言ってくれた。ツアー・コンダクターの仕事をしながら、大学院で学んでいる。日本人並みの日本語を話す。殆どが学部からダイレクトに大学院に進学する日本と違って、一度社会に出た後、キャリアアップのために、あるいは定年後の時間を有意義にするために、大学院で学び直す人たちが台湾には相当数いる。この意味では、欧米圏では常識の「バック・トゥ・スクール」が、この国ではいち早く浸透している。筆者の集中講義に登録した８人の大学院生中４人が社会人及び社会人経験者であった。

Q：台湾と中国との関係はどうあるべきと思いますか？

A：台湾の多くの人は独立を望んでいる。しかし、現実的には、独立は無理ではないかと思う。中国は、いろいろな問題があっても、世界第2位の経済力を持っている。台湾経済は、中国経済と無関係ではあり得ない。

Q：台湾の問題点は、何だと思いますか？

A：大学を卒業しても若者がなかなか就職できない。大学院がその逃げ道になっている（それは日本も韓国も似たり寄ったりだ）。私たち50歳代が少子高齢化の一番の被害者と言えるかも知れない。両親の介護をするだけでなく、大学を卒業した息子や娘の面倒を今も見なければならない同世代が沢山いる。

Q：あなたの日本に対するイメージは？

A：30年前、初めて日本にいったとき、日本はバブル期で、物価がものすごく高く感じたが、最近では、私の日本在住の友人たちは、「今の日本は台湾より物価が安い」と言っている（日本の物価の安さは、日本経済低迷によるデフレが主原因なので、世界からの観光客増を手放しでは喜べないのだ）。

Q：台湾は親日国家だと言われますが、日本の統治時代に対する反日感情はありませんか？

A：台湾の対日感情は地域によって違う。台北は国民党支持者が多く。南部は民進党支持者が多い。だからと言って、北が親中で南が親日と単純化はできない。特に南では、親日か反日かは、人によって極端に違う。

Q：台湾が世界に誇れるものは何ですか？

A：ＩＣ産業。

Q：好きな台湾のシンガーまたはグループは？

A：黄小琥（Tiger Huang）、鄧麗君（Teresa Teng）。

林玲蓉（Rin Reiyo：40歳代、女性、台中出身）

Rin さんも「バック・トゥ・スクール」組で、開南大学の大学院生だ。高校の非常勤講師として、日本語を教えている。そこの高校生たちは、皆日本のアニメが好きだと話す。大学院でもっと専門的な勉強がしたいと言う（頭が下がる）。Huangさんと同じく、流暢な日本語を話す。

Q：台湾と中国との関係はどうあるべきと思いますか？

A：台湾の独立は重要だが、戦争になるのは怖い。だから、現状では難しい。

Q：台湾の問題点は、何だと思いますか？

A：住居費が高い。特に台北はひどい（筆者も、台北の住居費は、ときに東京並みかそれ以上で、確かに高いと実感する）。

Q：あなたの日本に対するイメージは？

A：日本人は真面目で働き者。日本国内は、外国人にとって旅行しやすい国。交通が便利だし、何処へいってもキレイ。

Q：台湾は親日国家だと言われますが、日本の統治時代に対する反日感情はありませんか？

A：まったくない。

Q：台湾が世界に誇れるものは何ですか？

A：鼎泰豊、小籠包。

Q：好きな台湾のシンガーまたはグループは？

A：五月天（Mayday）、蔡依林（Jolin）。

劉孟徳（Liu Meng Te：69歳、男性、台北出身）

Liu さんは、定年退職前は、水道、電気、空調関連工事の設計や経営管理の仕事をしていたそうで、定年後の生活を充実させたくて、開南大学の大学院に入ったと言う。「子供が少なくならなかったら、私のような高齢者が大学院生になれるスペースはなかったでしょう」と語っていたことが印象的だった（いやいや、生涯教育の具現者で、立派な心掛けだと敬服する）。i-Pohne だって筆者より遥かに上手に使いこなす。余談ながら、筆者の場合は、ガラケイやらくらくホーンを使っていると馬鹿にされると思い、見栄で i-Pohne を使用しているに過ぎない。日本でも、Liu さんのような向学の士が増えないと、大学院の運営が困難になる日がたちまちやってきそうだ。カラオケでは、日本の演歌「骨まで愛して」を歌うこともあると言う（この曲は、台湾の男性高齢者がカラオケで歌う鉄板曲らしい）。城卓也の唯一のヒット曲は、台湾で生き延びていたのだ。

Q：台湾と中国との関係はどうあるべきと思いますか？
A：中国とは良好な関係を望んでいる。台湾は小さな島なので、近隣諸国との良好な関係は大切。シンガポールのような都市国家になるには、逆に台湾は大き過ぎる。

Q：台湾の問題点は、何だと思いますか？
A：トランプが大統領になることになって、中国とアメリカの関係から目が離せなくなった。

Q：あなたの日本に対するイメージは？
A：日本人は優しい。しかし、自己主張が足りないと思うこともある。あと、日本で台湾人として仕事するのは大変。

Q：台湾は親日国家だと言われますが、日本の統治時代に対する反日感情はありませんか？

A：幼い頃、日本語と日本文化に触れて、日本には20回以上いっているので、特に反日感情はない。

Q：台湾が世界に誇れるものは何ですか？

A：各都市にある文化創意地区。そこからは、台湾が新しい文化を発信していこうとする意気込みがほとばしっている（その通りだ！）。

Q：好きな台湾のシンガーまたはグループは？

A：鄧麗君（Teresa Teng）。

鄭庭安（Cheng Ting-An：21歳、男性、台中出身）

Cheng君は、台湾からの交換留学生として山口大学国際総合科学部に在籍中の大学2年生。来日してまだ3ヵ月なのに、とても流暢な日本語を話す。日本人学生の印象は、とにかく真面目に頑張るという印象だそうだ。

Q：台湾と中国との関係はどうあるべきと思いますか？

A：中国政府は、台湾に常に圧力をかけてくる。虐められている感覚がある。だから、独立したい。しかし、戦いになるのは避けたい。

Q：台湾の問題点は、何だと思いますか？

A：政治が政党間の争いの場になっている。政党の枠を超えて、国民のために政治をして欲しい。民進党になって、少しだけ政治は改善されたと思う。

Q：あなたの日本に対するイメージは？

A：台湾より少しだけ進歩していて、国民はマナーがいいというイメージを持っていた。実際に日本にきてみて、そのイメージ通りだったと感じる。

Q：台湾は親日国家だと言われますが、日本の統治時代に対する反日感情はありませんか？

Ａ：若い世代に反日感情はない。60代以上は、人によるだろう。

Ｑ：台湾が世界に誇れるものは何ですか？

Ａ：ＩＴ産業、食文化。

Ｑ：好きな台湾のシンガーまたはグループは？

Ａ：林俊傑（ＪＪ Lin）、五月天（Mayday）、周杰倫（Jay Chou）

第5章

台湾ポップス(TW-POP)シーン

本題に入る前に一つ提案がある。台湾のポップスは、当然ながら中国語で歌われることが多く、加えて、大陸の音楽シーンも活動の場なので、大陸のC-POPの中に含まれることが多い。しかし、筆者は、政治的独立を主張しつつある台湾なら、音楽のカテゴリー的にも中国から独立すべきだと思う。なぜなら、後で詳述する台湾の山地先住民の音楽は、彼らの言語で歌われているし、台湾南部出身のシンガーやグループは、台湾語で歌うことにこだわることも多いからだ。そこで、この章では、台湾のポップスをTW-POPと表記する（T-POPでは、タイのポップスを連想してしまう）。

5-1. 台湾ポップスの牽引者たち

前の章でインタヴューに答えてくれた林奐禎くんが、「最も台湾らしいロック」として推薦してくれた伍佰（Wu Bai）+ China Blueのサウンドには、筆者好みの躍動感溢れた荒削りな音作りによって、少なからず感動させられた。台北の誠品音楽（品ぞろえの半数以上がアナログレコード盤）で、彼らのアルバム『浪人情歌』に運よく出会え、即座に購入し、

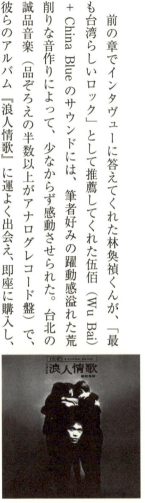

ホテルに帰ってじっくり聴いた。そこでは、なぜか日本のはっぴーえんどのファースト・アルバム『ゆでめん』（通称）に似た、その国にロックの夜明けを告げる神々しさを感じたのだった。

ファズギターに導かれて歌われる「背叛」は、『ゆでめん』の1曲目「春よこい」に似たソリッドな音作りで、その外連味のなさに「しびれて」しまった。「お正月と云えば、炬燵を囲んで、お雑煮を食べながら、歌留多をしていたものです」という、好事家の間であまりに有名なあの冒頭の日本語とエイトビートの融合が、何故か「背叛」のバックビートで鳴り響いていたかのような錯覚に陥ってしまったのだ。１９９２年にデビューし、伍佰にとって二作目にあたるこのアルバムは、まさにTW-Rockの始動であったろう。それ程までに、この『浪人情歌』は台湾的だ。

日本人にはあまり意識されていないが、台湾の言語は、蔣介石国民党が齎した北京語に近い中国語と台湾の人々が昔から話していた台湾語（閩南語）とに二分される。『浪人情歌』は、主に北京語で歌われているが、台湾語なまりが強い（意図的と筆者は思う）故、台湾人意識の強いアルバムと言えるのだ。加えて、ギター指向のロックの認知度が低かった台湾において、レッド・ツェッペリンやジミー・ヘンドリクス風のギターテクニックを持ち込んで、そこに中国語を巧みに乗せたという意欲的な挑戦によって、元祖

TW-Rock の称号を獲得したと言える。

2曲目の「牽掛」は、このアルバムの中で、いや伍佰の曲の中で、いやいやTW-Rockの中でさえ、最高傑作と断言してよい。美しいという言葉を越える言葉が欲しくなる程の「それは美しい」ミディアム・バラードは、まさに感涙もの！ 6曲目の「拋棄」は、アコースティックギター1本で歌われるロック・ナンバーだ。そう言えば、アコギだけで歌われるロックがあると筆者に教えてくれたのは、はっぴーえんどだったことを思い出す。7曲目の「繼續墮落」は、何とステッペンウルフの「ボーン・トゥ・ビー・ワイルド」を彷彿させるギターリフが流れてきて、ロックオヤジには堪らない曲！10曲目の「浪人情歌」は、ブルージーなギターがイントロで流れてきて、メロディーはロック演歌風で、多分に上田正樹のロッカバラード「大阪ベイブルース～悲しい色やねん」を思い起こさせる。男女の別れを引きづっていながらもそこから抜けだそうとする葛藤が歌い込まれている点も、「大阪ベイブルース」と共通点がある。

伍佰は、現在、台湾、香港、中国、シンガポールで大人気のロック・スターである。

【王若琳】（Joanna Wang）

台湾での仕事が多くなり始めたばかりの頃、実は台湾のポップスにあまり期待はしていなかった。その頃は、K-POPをJ-POPとの比較の中で捉えることに苦心していたので、台湾のポップスもたまには聞いてみるかくらいの軽い気持ちで、台北の「光華商場」で一枚のCDを手にしたのだ。しかし、そのCDが、筆者の固定観念を覆してくれた。王若琳という女性シンガーの *Start from Here* というアルバムは、年に1枚出会うか否かの衝撃的作品だった。筆者のTW-POPへの興味は、その場所から始まった（Started from There）のだ。翁倩玉（Judy Ongg）、鄧麗君（Teresa Teng）、欧陽菲菲（Ouyang Feifei）などの台湾歌謡が、筆者の中でTW-POPに変態した瞬間でもあった。

王若琳は、台北生まれのLA育ち。デビュー作の *Start From Here* は、CD2枚組で、一枚は英語で、もう一枚は中国語で歌われており、中国語が分からなくても英語版で彼女の紡いだ歌詞の大意が理解できるのは嬉しい。例えば、代表作「迷宮」の意味は、英

語版のほうの"Let's Start from Here"で理解できるのだ。その「迷宮」は、テレビドラマ『美味關係』の挿入歌として使われ、「有你的快楽」は、テレビドラマ『墾丁は今日も晴れ』のオープニング・テーマ、「因為你愛我」はそのドラマのエンディング・テーマに採用された。ちなみに、筆者のお気に入りは、英語のみで歌われているオリジナル曲"Lost Taipei"だ。「台湾のノラ・ジョーンズ」と呼ばれているのも頷けるスモーキー・ヴォイスで、雨の夜、都市のため息の中で、恋人と「失楽的台北」に堕ちていく様子が、しなやかなアコースティック・サウンドとともに歌われていく。英語版最後の"New York State of Mind"は、オリジナルのビリー・ジョエルもびっくりの完成度の高さだ。中国語版のほうは、彼女の印象的な歌声と中国語とジャズボッサの組み合わせが、無国籍音楽的粋を醸しだしている。プロデュースは、台湾の有名作曲家兼プロデューサーの父親王治平(Wang Zhi-ping)で、このアルバムで歌われる作品群の肌触りは、英語で歌われていようが中国語で歌われていようが、大陸のC-POPとは明らかに違う。

驚くべきことに、王若琳は、このデビュー・アルバムを2008年、彼女が19歳のときにリリースしているのである(実は日本でも発売されている)。商業的にも大ヒットし、台湾、香港、中国で、数多くの新人賞を獲得した。筆者は、最初、彼女の歌を聞いたとき、「台湾にもアラサーくらいの年齢のいい歌手がいるんだな」と愚かにも思ってしまった。2017年春現在、彼女はまだ28歳である。王若琳に出会った筆者は、その後TW-POPにどっぷりハマっていくことになる。

セカンド・アルバム*Joanna Wang & Ruo-Lin The Adult Storybook*は、前作のジャズ・テイストを少し薄めて、ポップス及びロック色を上品に濃くしている。でも、やっぱり王若琳の魅力はジャズボッサにあり、ビル・ウィザースの"Just the Two of Us"が秀逸。加えて、アコースティックギターのみで歌われる「玫瑰玫瑰我愛你」を聞くと、「上海バンスキング」あたりのチャイニーズフレーバーに浸ることができる。

王若琳は、そのボサノヴァ・テイストゆえ、そしてアコースティックギターの名手ゆえ、「台湾の小野リサ」とも呼ばれる。しかし、ギターのプレイスタイルは、小野リサのそれと言うより、「ブラックバード」あたりのポール・マッカートニーのアコースティックギター・プレイに近い。彼女自身も、ポールから受けた影響を認めている（二人とも左利きだ）。You Tubeで王若琳が部屋でくつろぎながらギター1本で歌う"Top of the World"なんかを聴くと、ポールがギター1本で歌う「エリナ・リグビー」の映像（ビートルズのアンソロジー・ビデオに収録）を思いだしてしまった程だ。

王若琳が王若琳らしいのは、次のアルバム*The Things We Do For Love*くらいまでだ（「筆者の思い入れに過ぎない」と言われればそれまでだが）。そのサード・アルバムは、彼女自身が選んだ中国語、英語の楽曲計15曲を、CD2枚に収録している。このアルバムを聴くと、王若琳がアメリカで育ったこと、それでも同時に、自身の漢民族の血を失いたくないというナショナル・アイデンティティーを意識していることなどが交互に頭をよぎる（そうさせる構成になっているとも言える）。デビューからの3枚のアルバムが同じ言語構成になっていることを思い起こせば、彼女自身の立ち位置をアルバムに投影しようとする意志のようなものを感じる。このパラグラフの冒頭で、王若琳が王若琳らしいのは、サード・アルバムまでと述べたのは、この意味においてである。

四作目の *The Adventures of Bernie the Schoolboy* から最新の *H.A.M.* まで、キンクスの『ソープ・オペラ』（度々例えが古いのはお許し願いたい）ばりのポップス・オペラ的アルバムが続いたと思えば、グランジっぽい曲が突然出現したり、アメリカン・グラフィティ風の曲もあったりで、最近ではアイドルっぽい曲まで出没してきたりしている。まるで、ニール・ヤング（これまた例えが古い）も真っ青な程、王若琳はアルバムごとに変身してきた。それでも一定のクォリティーは保ってきた点は、王若琳というアーティストの実力だと思う。しかし、最新作 *H.A.M.* のアルバム・ジャケットに至っては、女子高校生のような制服を悪っぽくアレンジしてポーズをとる王若琳がいる。ちょっと、「どこへいこうとしてるの、ワンちゃん？」と声をかけたくなるくらい「イタい」。ここ数年、彼女の好きなことを好きなようにやってきたのだろうが、このままでは、「ファンがついていけなくなりはしまいか」と心配が募ってしまう。父親に引き戻して貰うしかないのだろうか……。

[周杰倫](Jay Chou)

周杰倫は、新北生まれの38歳。台湾のみならず中国、香港、マカオなど中華圏で絶大な人気を誇る男性シンガーであり、東南アジア諸国及び韓国でも一定の知名度がある。すなわち、現在、アジアで一番認知度の高いシンガーと言ってもよい。2010年『フォーブス中国語版』の「中華圏におけるセレブリティ・ランキング」では、香港映画の大スター成龍(Jackie Chan)に続き第2位に選出された程だ。世界的カンフー・スターの李連杰(Jet Li)は、自身の主演映画『スピリット』の主題歌を周杰倫に歌って貰うことを熱望し、それを受けて周は「霍元甲」を提供した。また、プロバスケットボールNBAプレイヤーのコービー・ブライアントとはCMで共演し、CMソング「天地一斗」でもデュエットしている。さらには、自身の大ヒット曲「七里香」では、PVの相手役に前述の映画『海角七号』の田中千絵を起用し、映像は日本を舞台にしている。

加えて、周杰倫は、映画俳優としても活躍しており、「台湾一有名なモデル」と呼ばれ、映画『レッドクリフ』によって世界的女優に成長した林志玲（Lin Chi-ling）とは、映画『トレジャー・オヴ・エンペラー・砂漠の秘宝』で共演した。あるいは、ハリウッド映画『グリーン・ホーネット』に上海出身の日本人でエンジニア兼バリスタのカトー役（準主役）で出演したりもした。

女性関係の噂は、過去には日本でも大人気だった徐若瑄（Vivian Hsu）、最近では「台湾ディーヴァ」蔡依林（Jolin）、映画で共演した林志羚など多士済々である。それらが事実か噂だけかはさておき、筆者が言いたいのは、周杰倫がそのくらいのプレステイジにいる女性の対象者になり得るということだ。

彼の作品群のジャンルは、TW-POP、ヒップホップ、リズム&ブルース、カントリーなど多岐に渡る。クラシック調のメロディーや和楽器にラップを合わせたりして実験的な音作りにも意欲的だ。楽器は、ピアノ、ヴァイオリン、チェロ、ギター、ドラム、古箏、琴、津軽三味線をこなすマルチプレイヤーだ。

周杰倫のセカンド・アルバム『范特西』は、とてもデビュー二作目のシンガーのアルバムとは考えにくい程完成度が高い。基本的にヒップホップというよりもリズム&ブルース寄りのメロディアス・ラップのアルバムと言ってもいいだろう。1曲目から3曲目を聴くと、それを確信して貰えるだろう。特に「爸．我回來了」は、LAかニューヨークのバックストリートから聞こえてきそうな哀愁のこもったラップで、こういう本物感を日本のブラックミュージック界で探し当てるのは非常に困難だろう。そして4曲目の「忍者」は、日本語を交えて、京都の夜、東京の山の手線を背景に、伊賀流忍者的瞑想法からのインスピレーションが語られていく。尺八の使い方もこなれたアレンジで処理されている。アルバムに付録的につけてあるミニ写真集は、全編忍者に扮した周杰倫が登場してくる。一回だけ興味本位で開いてみたが、それ以来開いたことはない。彼の忍者への憧れは分かるのだが、若者風の物言いで表現すれば、「ナイ、ナイ」となる。このアルバムの一番の聴き物は、7曲目の「對不起」であろう。美しいメロディアス・ラップと日本の琴とアコースティク・ギターのアンサンブルが素晴らしい。

周杰倫の最高傑作は、2014年の『哎呦、不錯哦』と言ってよかろう。とにかく捨て曲がないのだ。オープニング・ナンバーの「陽明山」は、ロック色の強いご機嫌なポップスに仕上がっている。二胡の調べと中国的調べのマッチングが素晴らしい「天涯過客」

は、味のあるスローバラードで、周杰倫のファルセットもなかなかの代物。しかし、次の「怎麼了」が何と言っても秀逸。重いエイトビートのドラムに導かれて進んでいくミディアムテンポのメロディアス・ラップは、フックの部分の女性のヴォーカル部分が印象的。この曲は、間違いなくこのアルバムのハイライトで、クォリティーはワールドクラスと言い切れる。佐野元春のような疾走感を伴うロック・ナンバーの「我要夏天」は、元気を貰える佳曲。「鞋子特大號」は、クラシック、ボードビル、ラップ、中国的メロディーなどが混然一体となった、ちょっと不思議な雰囲気を持ったナンバー。傑作と佳曲が鏤められたアルバム『哎呦、不錯哦』は、アジアン・ポップスの金字塔の一つと言っても過言でなないだろう。

また、周杰倫の曲のほとんどの歌詞は、方上山という作詞家によって作られている。その歌詞世界は、ごつごつした社会問題をしなやかな表現で伝える手法を携えていて、台湾の美しい自然をも包含しつつ、周杰倫というアジア一のポップシンガー（ちなみに、アジア一のロックシンガーの座は、韓国のイム・ジェボム譲らざるを得ない）の世界観を形成している。日本のヒップホップ界のように、やたらと「感謝」しまくる安っぽいフレーズが連呼される「サンクスギヴィングなメッセージ」とは明らかに一線を画す。最新作『周杰倫的床邊故事』は、クールで洗練されたアルバムだ。派手さでは、前作の『哎呦、不錯哦』に一歩譲るとしても、隠し味的な音作りに、「ウ~ん」と唸らされることが幾つもある。例えば、「説走就走」では、リズムに乗って韻を踏むヒップホップの裏で、アイリッシュ的アパラチアン・バック・カントリーの調べが鳴っているといった凝りようなのだ。「英雄」では、思い切りファズを利かせたギターが炸裂する裏で和太鼓と思える打楽器が力強くリズムを刻んでいる。また、「不該」は、張恵妹(A-Mei)とデュエットしていて、アルバムに魅力的なアクセントをつけている。「告白氣球」は、美しいメロディーラインとフックを持ったミディアム・ナンバーで、肩の力を抜いた周杰倫の歌いっぷりが清々しい。「すごく玄人受けするアルバムを周杰倫は作ったな」というのが、筆者の素直な感想だ。この先、周杰倫というシンガーは、僕らをどこまで連れていってくれるのだろうか……。次作が楽しみでならない。

【安心亞】(Amber An)

安心亞は、台湾の国民的女性アイドルだ。「國民女神」の異名を持つ。映画での活躍のほうが目立つが、音楽活動も、現在まで3枚のアルバムをリリースしているアイドルシンガーでもある。楽器は、ギター、ピアノ、ウクレレ、ドラム、鋼琴、鼓等をこなすマルチプレイヤーだ。
身長172センチで抜群のプロポーションを誇り、モデル業もこなす。2014年には、「台湾10大美乳女神」コンテストにおいて、第1位に輝いている。本書で名前が挙がっているところでは、林志玲が第2位、徐若瑄が第3位、舒淇が第8位、蔡依林が第9位にランクインしている。スーパーモデル林志玲を退けて、堂々の第1位を獲得した安心亞は、愛くるしいルックスとダイナマイト・セクシー・ボディがアンバランスな魅力を醸しだしている。日本の剛力彩芽に通じるコケティッシュな雰囲気ゆえ、「シュガー・ベイブ」のニックネームをつけられてもいる。現在31歳だが、とてもその年齢には見えない。

2008年のデビュー後、しばらくはテレビ業界での活動が主だった安心亞だが、2012年、映画『西門町』で女優業をスタートした。そこでは、古くから栄え、現在は台北の若者文化の聖地となった西門町を舞台に、自ら積極的に愛を伝えその愛を成就させようとする肉食系ヒロイン役を演じている。加えて、主題曲「ドント・クライ」も歌った。安心亞は、この映画と主題歌のヒットによって、一気に成功の階段を駆け上った。

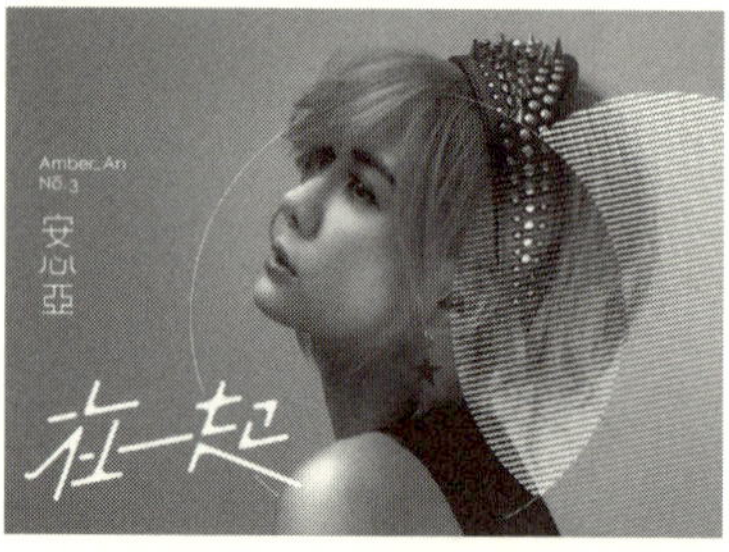

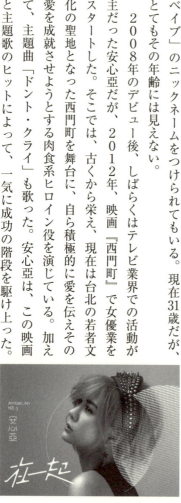

台湾では、オタク男子の間では抜群の人気だと聞く。

『悪女』、『單身極品』に続く安心亞のサード・アルバム『在一起』は、彼女の成長ぶりが知れる好アルバムだ。冒頭の「哈囉」は、テレビドラマ『姉妹』の挿入歌で、メロディアスな展開の曲に、安心亞の癒し系のヴォーカルが乗っかって、味わい深いポップスに仕上がっている。「女孩，站出來！」は、ダンサブルなナンバーで、彼女のリズム感のよさが窺われる。この曲は、是非 You Tube で映像も鑑賞してほしい。彼女の「爽やかなセクシーさ」を堪能できよう。キレキレのダンスとまでは言えないが、スタイルのよさが際立ったヴィジュアル系ビデオクリップだ。「全面投降」、「U HOOO」あたりのミディアムテンポのエイトビートは、安心亞の浮遊感のある歌唱によくマッチしていて、とても「イイ感じ」。レゲエ風のリズムにラップが被さってくる「姐妹最大」は、安心亞の可愛らしさが前面に押しだされたナンバー。こうした佳曲が一杯詰まった安心亞のアルバム『在一起』は、とても上質なポップスとも言える。蛇足ながら、アルバムの3曲目に「新宿」という曲があるが、「新しい目的地」という意味で、東京の新宿とは何の関わりもない。

ところで、アイドル安心亞は、K-POP アイドルと J-POP アイドルとの比較論の中におくとどのような位置づけがなされ得るのだろうか。少し横に逸れるが、しばし、3ヵ国の社会背景とアイドルのありようの関係を分析してみたい。

日本の女性アイドルは、ソロの時代から完全にグループの時代に舵を切って久しい。主なファン層を形成する「オタク男子」は、自分の彼女として、手の届きそうなアイドルを好む。実際には届くわけはないのだが、彼らは自分たちの夢というか幻想にお金をつぎ込みCDや販売グッズを買い続ける。そうすれば、握手会に参加できたり、「総選挙」への「投票権」を得ることができたりして、好きなアイドルの疑似彼氏体験を楽しんでいるのだ。40数人もグループのメンバーがいれば、必ず自分の好みのアイドルはいる設定になっている。

その親近感を狙ったアイドル戦略ゆえ、メンバーを決めるオーディションでは、4番目から5番目に可愛らしい子を採用し、そういう子を集めて40数人のグループを作るという。これは、プロデューサーの秋元康氏が言っていることなので信用するしかない。日本の若い世代は、「ゆとり世代」なので、競争することを否定され、「ナンバーワンよりオンリーワン」を目指すことを教えられてきた。そして、そのオンリーワンが個性とイコールだと錯覚させられてきた世代だ。彼らは、ナンバーワンの女性をものにする過酷な競争には参加したくないのだ。だから、彼らの幻想の対象にも、近所のどこにでもいそうな程度の可愛い子が、自分だけのオンリーワンとして相応しい。だから女性アイドルたちには、歌にしてもダンスにしても卓越したものを要求されはしない。「素人っぽさ」が売りなのだ。

そうした特殊な国内音楽市場の中で、言い換えれば、本来あるべきものがないことを売りにする「逆ガラパゴス化現象」（筆者の造語）の中で、日本のアイドル。ビジネスは成立してきたと言える。当然、熾烈な競争を強いられるグローバル市場では勝負できないが、1億2千万人という人口と世界第2位の国内音楽市場の存在が、グローバル市場参入の必要性を弱めてきた。国内の音楽需要を満たしていれば、何とか持続可能な利益は得られるのだ。以上の現象は、日本経済のグローバル市場参入への遅れと相関性を有すると筆者は考える。

K-POPアイドル市場は、5千万人という国内市場しか有さないので、おのずとグローバル市場に打ってでなければ、ビジネスとして成立しない。K-POPの世界進出に関して、韓国では政府自ら手厚く支援する戦略にでている。K-POPの海外進出に対して、国が予算の最大5割まで援助している。援助の対象は、海外ツアーにかかる航空運賃、滞在費、イヴェント製作費、海外販売が予定される原盤及びミュージック・ビデオの製作費など広範囲に渡る。韓国貿易協会がアジア各国の取引担当者にアンケートした結果によると、8割以上がK-POP及び韓国映画などのソフト・コンテンツが韓国ハード・コンテンツの購入に好影響を与えていると回答している、韓国政府は、K-POPを始めとするソフト・コンテンツとサムスン、ヒョンデなどが生みだすハード・コンテンツとを結びつけて、韓国のブランド・イメージを向上させる国家戦略を取っているのだ。

このように、国内市場に頼れず、海外を視野に入れなくてはならないK-POPアイドルは、世界レベルの実力が必要となる。だから歌もダンスも徹底的に訓練され、その訓練期間は、デビューまで3年から7年を要すると聞く。このアイドル育成法は、韓国では「孵化システム」(incubating system)と呼ばれている。「萌え」感覚のJ-POPアイドルに比べて、K-POPアイドルには最初から高い「完成度」が求められる。それ故に、テレビを観ていても、K-POPアイドルたちの多くが「芸能界のナンバーワン」を目指しますと声をそろえる。加えて、K-POP女性アイドルたちのファン層である韓国の男子たちは、厳しい兵役、激しい受験戦争で鍛えられているので、「俺でもナンバーワンのアイドルに手が届く」と自負する。実際には手に届かないのであるが、そういう幻想(自惚れ)は持っているのだ。したがって、K-POP女性アイドルは、J-POP女性アイドルの目指す「カワイイ」ではなく、「キレイかつセクシー」を目指す。そのためには、美容整形も躊躇わず取り入れていく。そのトップランナーに少女時代が君臨する。

国民的TW-POPアイドルの安心亞は、一言で言えば、K-POPとJ-POPの「いいところ取り」だろう。彼女のフェイスは、J-POP的「カワイイ」の代表だ。それに比べて、彼女のボディは、K-POP的「セクシー」の極致である。彼女のアーティスト・クォリティーはと言うと、これも、J-POPの「素人っぽさ」とK-POPの「玄人っぽさ」の折衷と言えよう。前者は彼女の歌に言え、後者は彼女のダンスに言える。

グローバル市場との関係で言えば、他の如何なる分野の台湾アーティストにも普遍的に言えることだが、中国語圏という13億を超える市場がある。つまり、TW-POPは、生まれながらに言語的アドヴァンテイジを有しているのだ。最近筆者がチェックした中国のヒットランキングサイトでは、周杰倫の曲がベストテン入りしていた。安心亞にとっても、中国・香港・マカオは、主要な市場である。そのアドヴァンテイジを十二分に生かして、安心亞は、中華圏のトップアイドルの地位を確立している。願わくば、そのターゲットの一つに日本を加えて欲しいものだ。

「音楽は、それが発生する背後にある経済及び歴史・文化から決定的な影響を受ける」[1]という「マルクスの経済決定論」を基盤に置き、音楽とその背後にある社会との関係性を探ろうとする「音楽社会学」の立場から東アジアのアイドルシーンを概観すれば、以上のような分析が可能になろう。

［葛仲珊］（Miss Ko）

葛仲珊は、台湾人の両親を持つニューヨーク・クイーンズ生まれの30歳のヒップホップ・シンガーである。生活のベースはアメリカに置きつつも、台湾を中心にした中華圏の音楽市場で活躍するアーティストだ。5歳からラップを始めた彼女にとって、黒人音楽は、体内に流れる血の如く生きるという行為とほぼ同義であったと言えよう。ちなみに、葛仲珊は影響を受けたアーティストとしてトゥーパック、ローリン・ヒル、マイケル・ジャクソンなどを挙げている。

ニューヨーク大学の修士課程にいたものの、音楽での夢を実現させるため休学して渡台し、マンダリンを国立台湾師範大学で学んだ。この頃、彼女の祖国への思いが膨らんだと推察される。その後、ラップコンテストでその才能を認められ、それがきっかけで台湾のインディーズレーベル顔社（Kao Inc. Records）初の女性アーティストとして契約に至っている。自称「ラップ界のテレサ・テン」だそうで、それは音楽活動に反対していた厳しい父親がテレサ・テンのファンであるためらしい。２０１１年には、交通事故で顎を負傷し、音楽活動の休止を余儀なくされたが、それがかえってデビュー作の曲作りに専念できる環境を彼女に齎した。

そして、２０１２年、アルバム *Kick Out!* で満を持してデビューし、そのデビュー作は、台湾ヒット・チャートの第1位に輝いた。葛仲珊は、台湾で最初のソロアルバムをリリースした女性ラッパーであった故、その年の台湾金曲獎（日本のレコード大賞に相当）で最優秀新人歌手を受賞したときは、保守層の反発から台湾国内で軽く物議を醸しだしたりもした。しかし、そのデビュー・アルバムの中身は、とても洗練されていて肩の力の抜けたラップであり、よくある無理したラップにはなっていない。自称が「台湾のテレサ・テン」なら、筆者が他称すれば、「台湾のダブル（日本を代表する女性ソウル・シンガー）」と呼びたい。

台湾の人気ジャズラッパー蛋堡（Soft Lipa）がプロデュースした *Kick Out!* は、國蛋（GorDoN）とコラボした「太陽下」が聴きもので、頑童（MJ116：E-SO）とデュエットした「打破他」もなかなかの出来栄えだ。英語で歌われる〝Slide〟，〝Baby C'mon!〟，〝Call Me〟などは、台湾の音楽市場だけでなく、世界的にも通用しそうなクォリティーの高さである。アルバムを締めくくる「美好夢」は、ため息がでてしまう

程素晴らしい仕上がりになっている。葛仲珊というアーティストのセンスの良さを感じさせる13曲が並べられていて、しかもそれぞれがキラリと光る個性を主張している。彼女は、TW-POPを大きく変えていく可能性を有しているかも知れない。

２０１４年に発売されたセカンド・アルバム*XXXIII*は、デビュー作*Kick Out!*をポップにして、さらにファン層を広げようとする意図がありありと見える意欲作だ。特に、比莉（Billy Wang）をフィーチャーした「甩一甩」（宇多田ヒカルに通ずるものがあるが、よく考えてみれば、二人ともニューヨーカーなので当然と言え当然だ）。キャッチーなフックがカッコいい〝Boom Boom〟浮き浮きする程ポップな「秘密」（さりげないボトルネック・ギターが隠し味）、安心亞をフィーチャーした「自拍」、パーティーピーポーには堪らないであろうダンサブルな「一杯起」などにその意欲を感じる。「動不動」は、R&Bテイストの本格的メロディアス・ラップで聴きごたえがある。クイーンズの息遣いが聞こえてきそうな「搗蛋」は、葛仲珊がニューヨーカーであることを再想起させてくれる。そして最後は、哀愁を帯びたメロディーラインが鳥肌の立つほど印象的な〝Let It Go〟で幕が閉じられている。世界的に大ヒットした同名異曲より、断然葛仲珊の〝Let It Go〟のほうがいいと、筆者は強く思う。

「跳進來」で張惠妹と、「愛不來」で方大同（Khalil Fong）と、〝Walk This Way〟で

MC Hot Dogと、といった具合に台湾・香港音楽シーンの大物とのコラボレーションを立て続けに実現し、またユニバーサル・ミュージック・グループと契約し、葛仲珊は、一層大きな波に乗ろうとしている。加えて、アメリカでは"Most Outstanding Asian-American Youth Overseas"に選出され、マライヤ・キャリーとも共演を果たした。さらには、バーバリー、カルバン・クライン、H&Mなどのキャンペーンにも参画している。グローバル・ワイドな活動を展開する彼女の新作が待ち遠しい。

［黄建為］（Europa Huang）

黄建為は、プロローグで記述させて貰ったウインド・ミュージック所属の男性シンガーである。だからだろうか、筆者が彼のＣＤアルバムを3枚買ったとき、1枚サービスでつけてくれた。こんなアジア的サービスが嬉しかったのをよく覚えている。なぜ、3枚も買おうと思ったかと言うと、黄建為の作る音楽が、筆者の大好きな１９７０年代のフォーク・ブームの頃を彷彿とさせる懐かしいテイストを有していたからである。

１９７０年代は、１９６０年代のロック時代が去り、バンド主体だったポピュラー音楽シーンに、シンガーソングライターと呼ばれる自作自演のソロ・シンガーが台頭してきた時代だ。アメリカでは、ジャクソン・ブラウン、ジェイムス・テイラー、キャロル・キング、ジョニ・ミッチェルなどのフォークシンガーが60年代の「お祭り騒ぎ」を内省し、大人になりきれない自分と大人になって体制に順応せざるを得ない自分との間の葛藤を赤裸々に歌っていた。彼らの行為は、"Growing Out of the 60s"とも呼ばれた。

日本でも、高田渡、加川良、友部正人、泉谷しげる、吉田拓郎、井上陽水らを核として、個人の価値観を歌い込むフォーク時代に突入していた。もう、ボブ・ディランや岡林信康（ともに「フォークの神様」と呼ばれた）のような政治的メッセージを歌に込める反体制的フォークの時代ではなくなっていた。それより、個人の生活上の問題が歌のテーマに多く取り入れられた。それは、「個の十年間」(me decade）と呼ばれた時代性を反映していた。連帯の十年間（筆者はかつてそれを"us decade"と名づけた）であった60年代とは、あきらかに若者の意識が変わっていたのだった。音楽は、常に時代性を写しだす鏡でもあるのだ。

黄建為の音楽性は、この70年代的フォークシンガーのそれに、台湾の美しい自然と台湾の人々の温かい人間性を乗せた一種の「癒し系音楽」と言ってもよかろう。「暑苦しい元気」（言いたいことがわかって貰えるだろうか？筆者も含めた団塊の世代にこれを発散する人が多い）ではなく、「爽やかな元気」と表現したいオルタナティブな活力が沸いてくる音楽だ。その「爽やかな元気」を醸しだしている一番の要因は、明らかに影響を受けたはずの、70年代を代表するカナダのフォークシンガー、ブルース・コバーンばりの透明感あふれるギター奏法である。筆者は、美しい台湾の大地に溶け込んでいくかのような彼の楽曲群を「フォルモサの音楽」と名づけたい。台湾の美しい自然を象徴するかのように、彼のCDジャケットのほとんどは、緑を基調にしている。

　黄建為のアルバムは、どれも一定の基準に達していて、後述する五月天（May Day）のヴォーカル阿信も黄建為の織り成す音楽に感銘を受けたとコメントしている。筆者は、２００６年の*Over the Way*、２００７年の『夏樹的期待』、２００８年の*Come to Me*、２０１１年の『再一次旅行』を聞いているが、その4作の中では*Come to Me*がベストだと思う。というか、筆者の好みに一番合っているといったほうがいいかも知れない。なぜなら、このアルバムの黄建為は、他のどのアルバムの黄建為より音楽的多様性に富んでいるからである。これまでのストイックなまでのアコースティック・サウンドへのこだわりを減じて、ロック色とポップス色をトップスとしてまぶしてあるのだ。逆

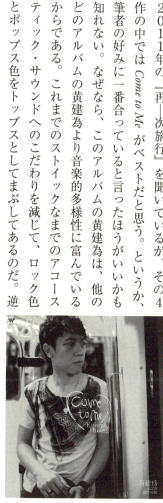

に言えば、いつもの黄建為の求道者のようなオーセンティック・フォーク・サウンドの信奉者には、このアルバムの多様性を受け入れることが難しいかも知れない。

その変化は、アルバム・ジャケットが象徴しているだろう。前述したように彼のアルバム・ジャケットと言えば、緑を基調にフォルモサの美しい自然があしらわれていることが常だ。それがこの*Come to Me*に限っては、ご覧のように、大都市の地下鉄の列車内に佇む黄建為が写しだされていて、これまでとは少し違うなと、CDを聞く前から感じることができる。筆者には、60年代ヒッピーたちが自然の中で繰り広げたユートピア的共同生活を卒業して、都市社会に帰って現実と格闘する70年代ヤッピーの姿が黄建為の立ち姿に重なってしまう。そんな感慨を持つのは、筆者が単にその時代をリアルタイムで体験した者だからだろう。主観が先立って申しわけない。

そのアルバム*Come to Me*は、いつもの癒し系の黄建為の歌声で始まる。「青鳥」は、フルートとアコースティックギターに、黄建為の優しいヴォーカルが重なる。しかし、2曲目の〝Come to Me〟はいきなりパーカッシブなドラミングに導かれて歌が流れ、そこにアシッドなファズギターが絡みつく。とてもゴツゴツした音作りは、これまでの黄建為になかった新境地だ。この曲をアルバムタイトルにしていることが、黄建為の変化を印象づけていよう。次の「也夢風雨也無情」は、ピアノとシンセサイザーをバックにした黄建為のフォーキーな歌声が心地よい。加川良的な歌いまわしに、オールドファンなら密かに微笑んでしまうだろう。「遠慮傳來她的聲音」は、ミディアムテンポのフォークロックで、黄建為のヴォーカルもロック的なエッジの利いたものになっている。"Everything"は、ポップなメロディーラインを持ちつつも、歌いっぷりは、ウェスト・コーストのロックに通ずるもので、その飛翔感が堪らない。最後の「羅盤」は、アコーディオンの温かい音色を負けず劣らず温かい彼の歌声が包み込む。やはり、締めくくりは、原点回帰的楽曲を持ってくるあたりに、黄建為の誠実な人柄を感じてしまうのは、筆者だけだろうか……。

［嚴爵（Yen-J）、黄荻鈞（Debbie Huang）、蔡依林（Jolin）、五月天（May Day）、范宗沛（Fan Tsung-pei）］

シングルだが嚴爵（Yen-J）という男性シンガーの「困在台北」は、筆者のTW-POPにおけるフェイバリット・ソングの一つだ。台北に憧れ住んでみたが、その街の罠にはまって抜けられなくなった心象風景が淡々と綴られている。語りから入って、ドラム、ベースが絡み、嚴爵のヴォーカルが被さっていくその曲は、ライブレコーディングのような一発取りを思わせる。第1章で、「(台湾のライブ・シーンは、1970年代の吉祥寺や高円寺といった中央線沿線のプリミティヴなライブハウス・シーンに近い」と書いた。そう、嚴爵の「困在台北」は、台北ライブ・シーンの雰囲気を味わって貰えると言う意味でも貴重なシングルだ。ジャケットもベースを弾きながら歌う嚴爵の写真があしらわれていて、ライブっぽいムードが漂ってくる。台北の街を歩きながら、是非、聴いてほしい1曲だ。

黄荻鈞(Debbie Huang)は、台湾とアメリカの二つの国籍を持ち、アメリカのバークリー・カレッジ・オブ・ミュージックで学士を取り日本の武蔵野音楽大学で修士を取った才色兼備の女優兼シンガーである。現在34歳。祖父は三洋紡織纖維股份有限公司の創業者であり、父親もそこのトップエグゼクティヴである。要するに、押しも押されぬ良家の子女なのだ。

黄荻鈞は、コアな音楽性に徹する王若琳や葛仲珊と絶対的本格派アイドルの安心亞との中間に位置する女性シンガーと言えよう。女優業から転じて、2016年に発売された彼女のデビュー・アルバム『另存寂寞』は、ポップながらも、さすが音

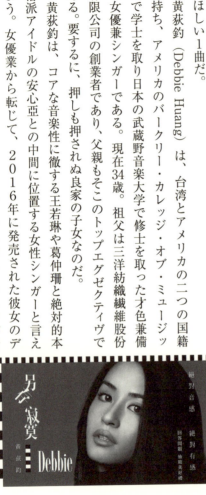

大出身と唸る実力も垣間見せてくれていて、若き日のオリビア・ニュートン・ジョンを彷彿とさせる。1曲目の「系統不支援」は、幅広い層に聴いてもらえる大衆性を備えたポップな曲。5曲目の"Password"は、アダルティーなダンス・ナンバーだ。そして、アルバムのベストと言えそうなのは、ロックっぽい黄荻鈞の歌声が堪らない「雲端萬歳」であろう。今風に言えば、思わず「いいね」をクリックしてしまいそうなクォリティーだ。アルバムの最後は、しなやかなスローバラード「半年」で幕を閉じている。

台湾を代表するポップロックバンド五月天（May Day）は、20代後半から30代前半くらいのアジアの若者層で絶大な人気を誇る。ライブ動員数が1千万人を超えるなど、アジアのスーパーバンドとしての確固たる地位を築き上げている。最初は、台湾語で歌っていたが、中国、香港、シンガポールなどで人気がでるにつれて中国語（北京語）で歌うようになり、普遍的な人気を獲得するに至った。つまり、五月天は、アーティスト・クォリティーを追及すると言うよりも、売れることにトップ・プライオリティーを置くバンドなのだ。

日本での五月天は、GLAY、flumpool、椎名林檎らとの交流が深く、2013年からは日本のアミューズにも所属し、活動を本格化させ、着実に日本のファンを増やしつつある。例えば、flumpoolとのコラボ曲「Belief ～春を待つ君へ～」を発表したり、五月天のワールドコンサートツアー〝NOWHERE World Tour〞台湾公演にflumpoolがゲスト出演し、逆に五月天がflumpoolデビュー5周年ライブにゲスト出演したりするなど、日台間の音楽交流を積み重ねているのである。日本版ベストアルバム『Mayday×五月天 the Best of 1999 - 2013』もリリースしている。リード曲〝Dancin' Dancin'〞にはGLAYのTERU（Vo）とTAKURO（G）が参加し、〝OAOA〞の日本語バージョンではflumpoolの山村隆太（Vo）とコラボレーションしている。また、ヴォーカルの阿信が椎名林檎のファンということもあり、「彼女のライブを台湾のファンたちにも体験させたい」ということで、2015年、椎名にとって初の海外公演「椎名林檎（生）林檎博'15—垂涎三尺—」を台湾で実現させたりもした。加えて、ギター担当でリーダーの温尚翊（通称Monster）は、尊敬するギタリストにB'zの松本孝弘の名を挙げている。五月天は、現在、日本で最も精力的に活動しているTW-POPのバンドと言える。

「台湾のディーヴァ」は、誰だと聞けば、殆どの台湾人が蔡依林（Jolin）と答える。しかし、彼女は、特段の歌唱力、声量を誇る訳ではない。ではなぜ、蔡依林が台湾で圧倒的な支持を得ているのだろうか。それは彼女の「歌いっぷり」に起因するのではなくて、彼女の「生きっぷり」にあるのだろうと推測する。

台北県新荘市出身で現在36歳。歌手であり、ダンサーであり、抜群のプロポーションとファッションセンスで台湾の若者のトレンドをリードし、おまけに起業家でもある。まさに、台湾のマドンナと言うのが相応しい「台湾最強の女性」なのだ。

2006年、8thアルバム『ダンシング・ディーヴァ』で約250万枚を売り上げ、翌2007年には9thアルバム『エージェント・ジェー』を、これまた約250万枚売り上げ、台湾での絶対的地位を確立した。この売り上げ記録は、音楽市場がそれ程大きくない台湾では、空前絶後である。また、アメリカの女性歌手カイリー・ミノーグ、ジャパニーズ・ディーヴァ安室奈美恵とのコラボレーションも経験し、国際的にも活発に活躍している。

筆者の好みを言わせて貰えば、2010年に発売されたアルバム『マイセルフ』が一番フィットする。掲載したアルバム・ジャケットを観れば一目瞭然だが、そこには、肉食系女子の蔡依林が近未来的ファッションに身を包んで佇み、台湾女性のライフスタイルにイノベーションを巻き起こそうとする意欲さえ感じ取ることができる。周杰倫と浮名を流したりもしたが、それすらも、彼女にとっては、ステッピング・ストーンの一つに過ぎなかったのかも知れない。

雰囲気を一転して、レトロな珠玉のアルバムを紹介しよう。日本統治時代の台湾の作曲家で唐崎夜雨のペンネームでも活動し、後に東田暁雨という日本名に改名した鄧雨賢（Deng Yu-hsien）の昭和初期ロマン溢れる楽曲群を、台湾のナンバーワン・セロ奏者で作曲家の范宗沛（Fan Tsung-pei）がアレンジし、自らも涙がこぼれ落ちそうなほど美しいセロの調べを聴かせてくれている『望、不忘春風』（*Longing for the Unforgettable Spring Breeze*）がそれである。

　このアルバムの素晴らしさは、挿入された曲のよさに加えて、アルバム・ジャケットのセンスのよさにもある。古き良き時代の芸術家然とした佇まいの鄧雨賢のイラストを21世紀の今を生きる范宗沛が見つめている姿が、我々を懐かしい時代へとタイム・スリップさせてくれることを予感できる構図となっている。ジャケット買いというやつを久方ぶりにしてしまった。それほど秀逸なデザインのジャケットだ。

　広東省から移住してきた客家人の末裔である鄧雨賢は、１９２５年から１９３０年までの5年間、日本で作曲法を学んだ。それゆえ、２枚組アルバム（「現代詩情改編版」

と題されたDisc 1の12曲と「復古小樂隊重現盤」と題されたDisc 2の16曲）に収められた鄧雨賢作曲全28曲のどれもが、ジャパネスクテイストとチャイニーズフレーバーが程よく溶け合った独特の世界観を展開している。その中で、あえてどれが好きかという難しい質問をされたと仮定するなら、4曲合わせて「四月望雨」と呼ばれる、「雨夜花」、「望春風」、「月夜愁」、「四季紅」の4作品とせざるを得ないだろう。筆者の趣味から言えば、鹿鳴館でのダンスパーティーに誘ってくれそうな「跳舞時代」、アコースティックギターとセロのアンサンブルが小粋な「碎心花」を「お気に入り」のカゴに入れたい。これだけ、日本の昭和初期に対するノスタルジーを前面にだした作品が近年台湾で発売されたということは、このアルバムを前述の台湾における「懐日」ブームの延長線上で捉えることが可能であろう。このアルバムが台湾のヤング・アダルト層の支持を集めているという事実が、日本人として嬉しい。

5-2. 山地民族音楽の多様性

台湾先住民（Taiwanese aborigine）のことを漢語では原住民と呼ぶ。先住民という呼び方は、すでに滅んでしまった民族という意味合いを含むとして、台湾では原住民という言葉を選ぶのである。一方、日本語では、原住民という呼び方は、差別的な意味合いを含むとして、先住民という言葉を選ぶ傾向がある。ここでは、日本語での差別的意味合いを避けるために先住民と表記する。

台湾では現在、先住民は、平地先住民と山地先住民に分けられており、山地先住民は台湾東部に多く住み、アミ族が最も多く約18万人である。平地先住民は「平埔蕃」、山地先住民は「高山蕃」と呼ばれた。その後、日本の統治時代、「平埔蕃」を「平埔族」、「高山蕃」を「高砂族」と変更した。そして、第二次大戦後、日本に代わって台湾を統治した中華民国政府は、「高砂族」のみを「高山族」に変更した。

以下に、台湾政府から認定されている先住民族とそれぞれの人口を記しておく。アミ族（約18万人）、パイワン族（約8万5千人）、タイヤル族（約8万2千人）、プヌン族（約5万人）、タロコ族（約2万4千人）、プユマ族（約1万1千人）、ルカイ族（約1万1千人）、サキザヤ族（5千人から1万人）ツォウ族（約7千人）、セデック族（6千人から7千人）、サイシャット族（約6千人）、タオ族（約3千人）、クバラン族（約1千人）、サオ族（約6百人）、カナカナブ族（5百人から6百人）、サアロア族（約4百人）、その他（3万3千人）。合計約50万人（台湾の人口の約2.2％）。このうち、クバラン族とサオ族が「平埔族」とされている。この「平埔族」は、台湾の平野部に住み、漢民族と雑居してきたので、漢民族への同化が進んだ。このことから、台湾先住民族は、狭義には、「高山族」を指す。

言語的には、部族間で使用言語が異なるが、近年では中華民国の公用語である中国語を話せる人が多い。しかし、高齢者の中には、日本統治時代の公用語であった日本語の方がしっくりくる人もいる(中には日本統治時代を懐かしみ、積極的に日本語を話したがる高齢者もいる)。

現在では、台湾政府は、先住民族に対する理解を深める教育や先住民族に対する様々な支援を行っているが、先住民というマイノリティが負ってきたマイナスイメージを払拭できない人々がいて、先住民族出身者が酷い待遇を受けることも少なくない。先住民族に対するマイナスイメージの主なものは、「就業能力が劣っている」、「酒に溺れる傾向がある」、「時間や規則を守らない」などである。なんだか、アメリカにおけるノン・ワスプ(アイルランド人、ユダヤ人など)、あるいは日本における在日韓国・朝鮮人に対する差別感情と似たものを感じる。しかし、プラスのイメージもある。「歌が上手」と「運動能力が高い」が、どんな調査でも常にトップツーを占めるらしい。それには、実力の世界にしか成功の道が得られないという厳しい社会背景があることを忘れてはならない。

それを反映するかの如く、台湾の音楽シーンをリードするアーティストには、先住民族出身者が多く、台湾プロ野球界においては、選手の三分の一は先住民族出身者が占める。日本ハム・ファイターズで活躍中の陽岱鋼はアミ族の出身だ。プロ野球の方はスポーツ社会学の研究者に任すとして、ここでは、音楽社会学の立場から、先住民族音楽、すなわち山地民族音楽を紹介してみよう。

［張恵妹］（A-Mei）

張恵妹、通称阿妹（A-Mei）は、台湾東部の台東生まれで、現在44歳。台湾山地民族のプユマ族の出身である。妹は歌手兼俳優の帳恵春（Saya）で、従姉妹の陳秋琳（Raya）を加えた3人のユニット阿妹妹（A-Mei-Mei）で活動することもある。

台湾の勝ち抜き歌謡番組「五燈奨」で25人勝ち抜きを果たし優勝した。その後台北のライブハウスで歌っていたところをスカウトされ、1996年に張雨生のアルバムでデュエットしCDデビューしている。同年12月アルバム『姉妹』にて正式デビューし、新人ながら連続9週売り上げチャート第1位の記録を打ち立て、台湾だけで100万枚以上の売り上げを記録した。前述の映画『あの頃、君を追いかけた』の冒頭における主役コートンのナレーションをもう一度引用してみよう。

1994年、俺は16歳だった。張雨生の事故死前で、張学友のミリオンヒットの後だ。プロ野球はまだ八百長もなく大人気。あの阿妹が、素人勝ち抜き歌番組で見事25連勝。そんな時代だった。[2]

この映画の冒頭シーンからも分かるように、アーメイは、台湾の1990年代、まさに時代の寵児だったのだ。1997年にはセカンド・アルバムBADBOYを発売、これも連続9週チャート第1位を記録し、台湾だけでなく、中国、香港、シンガポールで大人気を博した。そして、「アジアのディーヴァ」の称号を欲しいままにしたのだった。同時に、台湾ではそれまで注目されていなかった先住民の音楽への認知度と評価が高まり、次の世代の先住民ミュージシャンたちに道を開いた。言い換えれば、アーメイこそが、先住民音楽ブームの火付け役だったのである。

しかし、2000年5月、陳水扁（民進党）の中華民国総統就任式において、中華民国国歌を歌ったため、中華人民共和国政府の怒りに触れた。そのため、中国での出演CMの放送取りやめ、コンサートの中止という事態に追い込まれた。これは、「封殺事件」と言われるが、中国政府は関与を頑なに否定している。2004年、久々に中国の

ＣＭに出演したが、今度は「中国におもねっている」と台湾国内で非難された。このように、アーメイは、中台間の政治情勢によってその音楽活動が左右された歌手である。それは、彼女の中華圏での影響力の大きさの裏返しでもあるのだが……。

それでも、困難な状況を克服して、アーメイは、２００９年、アルバム『阿密特一張恵妹・意識専輯』で不死鳥のように蘇った。このアルバムの成功により、２０１０年の第21回台湾金曲奨において、アーメイは、優秀女性歌手賞を含む６部門で受賞した。６部門での受賞は、台湾音楽史上誰も成し遂げられなかった記録で、台湾の人々にアーメイの健在ぶりを示した。

その『阿密特一張恵妹・意識専輯』は、見て貰えば一目瞭然、不死鳥のように蘇ったアーメイを象徴するかのようなジャケット作りになっている。一曲目は、ヘヴィーなロックサウンドとアーメイの強いヴォーカルの一騎打ちといった風情の「開門見山」。まずは、彼女の「天から贈られた才能」(gift)が如何程のものかを思い知らされる。続いては、抑揚の利いた

ヴォーカルワークとマックスまで叫ぶヴォーカルがタペストリーのように綴れ織られていく「黒吃黒」。それかと思えば、しっとりとしたスローバラードも歌いこなせるアーメイに「分生」で出会える。また、ミディアムテンポに乗って歌い込まれる「相愛後動的感情」における歌詞のセクシュアル・コノテーションは、ジャケットに記されている「未満十八歳之人不得閲聴」の理由だろうか。「霊魂的重量」では、アーメイのヴォーカルは重力に逆らうように飛翔し、いきついた時点で先住民的メロディーに代わる。そこがアーメイにとっての霊魂的世界なのだろう。煽るように歌われる「好膽你就來」は、一曲一曲のクォリティーが恐ろしく高いアルバムの中でも最高傑作と言っていいだろう。疾走感溢れる"OK"は、ドライヴで聴けば最高の曲。思わずアクセルをフルスロットルまで踏み込んでしまいそうだ。アコースティックギター一本で歌われる「聽得見的夢想」では、シンディー・ローパー風のラフな歌いまわしも垣間見せてくれる。日本の演歌にも通ずるメロディーラインの「阿密持」は、「へいへいほー」というフレーズが繰り返される。ボーナス・トラックの「夢中作憨人」は、味わい深いアーメイの声とフックが素晴らしい。ここらあたりで見せてくれる熟練ぶりは、長年かけて彼女が「自分で磨いた才能」(talent)に違いない。

とにもかくにも、このアーメイの『阿密特一張恵妹・意識専輯』は、歌唱力、表現力、楽曲群の質の高さ、どれをとっても群を抜く素晴らしい仕上がりになっている。台湾音楽界にだけでなく、アジアにも衝撃を与えた歴史的作品と断言できる。まさに、TW-POPがうち立てたメルクマールだ。

［黄麗玲］（A-Lin）

「天才歌姫」の異名を持つ黄麗玲、通称アーリン（A-Lin）は、漢民族との同化が他の山地先住民より進んでいるアミ族の出身。アーリン自身も、漢民族と見分けがつかない顔立ちで、見るからにポリネシア系の血が入っていると分かる阿妹とは対照的である。現在33歳で、モデル業もこなす。抜群の歌唱力とプロポーションで知られ、「天は二物を与える」の典型例が彼女である。アーメイの後継者と言われてきたが、今ではライバルと言ってもいい位置にいる。

いろいろなオーディションに参加しつつ、デビュー前は、クラブやバーなどで歌うという下積み経験を経ての芸能界入りであった。２００６年、デビュー・アルバム『失戀無罪』をエイベックスよりリリース（土屋アンナのカヴァー曲も収録）。デビュー当時、ライブの観客が数人だったりしたこともあったが、そこから見事に這い上がり、スターの位置に到達した努力家である。プライベートでは、2007年に8歳年上の野球選手・黄甘霖と結婚し、第1子をもうけている。

また、2013年、湖南衛生テレビ『我是歌手（I Am A Singer）』に出演した。この番組は、プロの歌手がオーディション形式で審査を受け、歌唱力を競う番組で、台湾全土で注目されている番組で、韓国の『私は歌手だ』を踏襲しているとも言える。さらにそのルーツを辿れば、日本の『全日本歌謡選手権』にいきつく。この番組から五木ひろし、八代亜紀、天童よしみなどの演歌歌手を輩出した。アーリンは、自身のヒット曲をはじめ、陶喆や那英の名曲もカヴァーし、持ち前の歌唱力を発揮し、テレビの前の観衆に圧倒的なパフォーマンスを見せ、番組の中で最も支持されるアーティストになった。その番組効果により、彼女の当時発売されたアルバム『罪悪感』には、多大な注目が集まった。

『罪悪感』は、ピアノの音に導かれて始まるアーシーなサウンドとアーリンのハスキーヴォイスがご機嫌な「我値得」で幕を開ける。しっとりとした大人の女を感じさせてく

れる佳曲だ。そして、アルバムのタイトル曲「罪悪感」は、アーリンの歌唱力が如何なく発揮され、歌詞世界も他の女性シンガーにはない世界観が広がっていく究極のスローバラードだ。以下に、歌詞の一部を引用してみる。

誰だろう、この愛のために美しき嘘をついた者は。誰だろう、空飛ぶ渇望に負けてしまった者は。時間は遅すぎる。永遠は長すぎる。私はこのままでいいのだろうか。夜明けまで、寝返りを打つばかりで眠りに落ちられない。私たちは自分で想像する程偉くはないから、時間が犯した罪を誰も止められない。誰だろう、約束を罰に変えてしまった者は。一人にさせてほしいの。気が狂った私は、あなたに本音を吐いてしまいそうだから。ここまで自分を責めないでいいのかしら。この罪悪感のために。時間が犯した愛への罪。「約束の地」は、まだこの世にあるのだろうか……。[3]

何と意味深い歌詞なことだろうか。このレベルの詞を歌いこなせるシンガーは、そうはいない。この曲は、韓国ドラマ『カッコウの巣』のエンディング・テーマ曲に使用されている。「平衡感」と〝Gentlewoman〟は、アメリカのデスティニー・チャイルドやTLCあたりが歌ってもおかしくないダンス・ナンバー。両曲とも台北、台中、高雄、台南などの都市のクラブ・シーンでは人気があると聞く。ストリングスの調べに導かれて始まる「最後的晩餐」は、アーリンの「女らしい」(最近の日本では、まかり間違えば、この表現すらもセクシャル・ハラスメントの対象になるそうだ。馬鹿な世の中になってしまった!)歌声で、なおかつ力強く歌い込まれている。

アーリンは、アジア戦略にもでていて、福山雅治主演のテレビドラマ『ガリレオ』の中国語主題歌を歌ってもいる(『ガリレオ』は、中華圏でも放送され人気を博した)。

日本でもっともっと知名度が上がって欲しいシンガーの一人だ。5枚目のアルバム『我們會更好的』、6枚目のアルバム『幸福了 然后呢』も合わせて聴くことをお勧めする。効率的にアーリンを堪能したい人には、ベストアルバム『All the Best A-Lin 精選2015』がいいだろう。CD3枚組で1枚はライブアルバムになっている。

[紀暁君](Samingad)

プユマ族出身で現在39歳の女性シンガー紀暁君、通称サミンガ(Samingad)は、フォルモサの大地を渡る風のような歌声の持ち主だ。だから、癒し系音楽のカテゴリーに入れられることが多い。しかし、彼女の歌は、そんなカテゴライズでは括れない。自然とともに生活するときの音と匂いを歌うのがサミンガの魅力だ。

先住民族にはキリスト教徒が多く、サミンガも小さい頃から教会で讃美歌を歌っていたので、彼女の圧倒的な歌唱力は、そこで身についたと推察される。そして、彼女の天性の美声は、神から授かったように思える。加えて、祖母は有名なプユマ民謡の歌手で、サミンガは、幼少より美しいプユマ民謡を聴いて育った。黒人福音音楽（ゴスペル）と台湾先住民音楽の融合こそ、サミンガの音楽のバックボーンだと言えよう。

17歳のときに台北にいき、それが改めて自分達のプユマ族の文化、言語、音楽の魅力を認識するように作用し、先住民の友人と一緒に台北のパブで歌い始めたとされる。その後、世界的大ヒットとなったエニグマの「リターン・トゥ・イノセンス」のサンプリング・ヴォイスの主である郭英男（Difang）に見出され、1999年、ロックレコードズ傘下のレーベルであるマジックストーンと契約し、メジャーデビューを果たした。

デビュー・アルバム『太陽、草原、風の詩』は発売一週目から台湾の各音楽チャートを破竹の勢いで駆け上がり、一躍時の人となった。そのアルバムの成功の流れで、郭英男とともに来日し、シアターコクーンでライブを行った。その日本でのライブ活動が功を奏して、翌2000年には、日本でのデビュー・アルバム『ヴォイス・オブ・プユマ』をリリースするに至った。収録曲「ソング・オブ・プユマ」は、NHK BS1『アジア情報交差点』のエンディング曲に選ばれた。

このサミンガの成功も、源泉を辿れば、あのアーメイの活躍にいきつく。アーメイが台湾の音楽シーンの表舞台に出て、その歌唱力の素晴らしさを披露してから、先住民族音楽に陽が当たったである。そして今では、台湾先住民族音楽が中華圏の人々の間でも流行、興味の的となっているのだ。

サミンガは、ポップスに焦点を当てたアーメイ、アーリンと違い、コアなアボリジナル・サウンドに徹している。強いリズムが特徴のアミ族の音楽に対して、プユマ族の音楽は、穏やかで優雅なメロディー重視の傾向があるが、サミンガもその民族の伝統を踏襲している。そのピュアな音楽的姿勢を物語るかのように、北海道のアイヌ族団体と定期約に交流を持ち、音楽的親交を深めてもいる。自らのルーツであるプユマ族の文化を誇りを持って表現し、商業主義とは一線を画した姿が凛として美しい。

２００１年発売のセカンド・アルバム『野火・春風』では、さらに成長したサミンガが聴ける。まずは、彼女のルーツである台東は南王の大地の叫びのように聞こえるサミンガのヴォーカルに、その大地を揺るがすかのような男性コーラス

が背後から後押しするかたちで曲が進む「野火」で、聴く者を彼女のコミュニティーに連れ去ってくれる。「軽松快楽」は、一転して明るいアメリカン・カントリー・ミュージックのリズムとメロディーに乗って、「人生は気楽にいこうよ」と歌われる。サミンガのヴォーカルも曲調に合わせて、かなりラフに笑い声も交えながら歌っていて、とても微笑ましい。「散歩歌」にも、リラックスしたサミンガがいる。男性ヴォーカルとのデュエット形式で歌われるこの曲は、日本のわらべ歌的音階を持つ。サミンガの祖父が日本統治時代の日本語教育によってフルーエントな日本語を話すと聞けば、サミンガも日本の歌を聞いて育ったと想像できる。「上主垂憐」は、彼女のキリスト信仰の一端を我々に提示してくれている。歌詞は、カトリックのラテン語の聖詞を翻訳したものである。そして、「流浪記」は、最も深遠な内容の歌詞を持つ。以下に一部を引用してみる。

　私は山の麓の家に別れを告げた。簡単に涙を流したくない．劣ってなんかいない。恐れはしない。私は自分を成長させた。現実のために頭は下げない。劣ってなんかいない。嘘もつけるようになる。どうしたら仮面の裏の嘘を見透かせるの。私の真心を砂のようにばらまかないで。もっといろいろ理解できるようになったら、歌声の中のプユマを表現できるかしら。[4]

プユマ族が歩んできた苦難の道のりを私的体験に重ねて歌われるこの曲を、我々は衿を正して聴かなければなるまい。

［以莉高露］（Ilid Kaolo）、**［王宏恩］**（Wanghong En：BIUNG）、**［昊恩家家］**（Hao-en & Jiajia）、**［楊慕仁］**（Ushiw Pakaruku）、**［新寶島康樂隊］**（New Formosa Band）

以莉高露（年齢不詳）は、アミ族出身の女性シンガーで、洗練されたボサノヴァに程よくエスニックテイストがブレンドされたサウンドが心地よい。彼女の最高傑作アルバムは、何と言っても2011年の『輕快的生活』に落ち着くだろう。

いきなり、スローなボサノヴァ曲「結實纍纍的稻穗」で始まり、「え、これが先住民音楽?」と口走ってしまいそうな程ボサノヴァを自分のものにしている以莉高露に出会える。控えめなアコーディオンがフィーチャーされた「休息」は、まるで彼女の歌がフランス語にきこえてきそうなくらいで、

ちょっとムーラン・ルージュ的雰囲気。加えて、「城市」は、完全にシャンソン・ナンバーだ。これを聴くと、パリのモンマルトルでも散策しているような錯覚に陥る。「晩安太陽」では、いきなり"Buenas noches mi sol,"とアメリアッチ風に歌いだされて、このアルバムの無国籍ぶりにニンマリしてしまう。先住民音楽というよりワールド・ミュージックと表現した方がよさそうな気がしてくるのだ。「閃閃發亮的星星」でやっと台湾の民謡音階（日本の民謡音階との共通性も見出せる）に遭遇することができる。それでも、ギターの旋律とアルペジオは、西洋的フォークロアな趣きがあって、単純に伝統的な音楽世界に回帰しているわけではない。最後の「勤労的 Guad」では、日本の田植え歌に似たアミ族の民族音楽風の調べが響き渡り、アルバムの締めくくりにはもってこいの曲に仕上がっている。肩の力を抜いてリラックスして聴けるのがこのアルバムの特徴だろう。それを代表するような曲が、アルバムタイトルにもなっている「輕快的生活」だ。アルバム中で最も商業性を持つこの曲は、日本でも You Tube でも大人気だ。

王宏恩、通称 BIUNG は、ブヌン族出身で現在41歳の男性シンガー。彰化にある大葉大学（筆者の務める山口大学と交流協定がある）時代に音楽活動を本格化させ、いろんなコンテストに出場したりして、腕を磨いたらしい。そして、２０００年、アルバム『ハンター』でデビュー、立て続けにセカンド・アルバム『王宏恩 BIUNG』をリリースし、この二つのアルバムで王宏恩は数々の賞を受賞しブレイクした。筆者の好みを言わせて貰えば、『王宏恩 BIUNG』の方が、より多様性に富んでおり、サウンド・クォリティーが高いと感じる。

そのアルバム『王宏恩 BIUNG』は、哀愁を帯びた歌声と少し切ないメロディーラインに、BIUNGのブヌン同胞への思いを託した「親愛的朋友們」（母語使用）でスタートする。次の「寂寞的飛鼠」は、アコースティックギターのアルペジオをバックに、赤裸々に自己を内省するシンガーソングライター然としたBIUNGが顔を覗かせている。筆者の音楽的嗜好にぴったりで、正直ハマってしまった。「賺錢歌」は、アメリカン・フォーク・ロック・サウンドと台湾先住民族の調べを融合させた挑戦的楽曲だが、全く違和感を与えないアレンジ力に脱帽！　王宏恩のトーキングブルースっぽい語りで始まる「射日傳説」は、本アルバムの中で最もポップな要素を有する曲と言えよう。また、ギター1本で歌われる「瀑布的戀愛」は、ブヌン族の故郷の山々を渡る風のような佇まいだ。人間以外の動植物との意思疎通を図ろうとする歌があると肌で実感できたのは、この曲が初めてだ。『王宏恩 BIUNG』は、これを聴いたら他のBIUNGも聴いてみたいと思うようになり、次の日にはAmazonで注文するという事態に陥りがちなので、くれぐれも要注意！

昊恩家家は、プユマ族の男性シンガー昊恩（Hao-en）とプユマ族とプヌン族のハーフの女性シンガー家家（Jiajia）のデュエットグループで、２００６年にデビュー・アルバム『藍色情詩篇』（*Blue in Love*）をリリースして、台湾先住民族音楽界の中でも異色の存在として、シーンを裏から支えてきた。決して、サミンガ、以莉高露、BIUNGのように華やかな名声を得たアーティストではない。しかし、そのいぶし銀のような味わい深い歌や演奏で、コアな台湾の音楽ファンの支持を集めてきたデュオだ。男性シンガーの昊恩は、作詞・作曲、そしてアレンジも精力的にこなす音楽的才能の持ち主だ。一方、女性シンガーの家家は、アーメイのワールド・ツアーにコーラスの一人として参加したりして下積みからたたき上げてきたシンガーだ。加えて、家家は、昊恩家家の活動の後、２０１２年、ソロアルバム『忘不記』をリリースして、一層活動範囲を広げて現在に至っている。中華圏のトレーシー・チャップマン、アジアのアデルと言われたりもする。

『藍色情詩篇』は、アルバム・ジャケットを観て貰えばわかるように、小編成の楽団がサポートしてくれているのだが、これがなかなかいい味をだしてくれている。テ

クニカルというよりは小粋なセンスを感じさせる楽団で、パーマネント・メンバーではないようだ。ジャズ、ブルース、R&B、ロック、フォーク、先住民族音楽などのテイストを、最小限の音で巧みに表現する技量を持つミュージシャン集団である。

アルバムは、いきなり日本の曲「星のながれに」で始まる。家家の日本語は、日本人が歌っているかのような完璧な発音であり、イントネーションだ。日本のスタンダード歌謡をジャージーに歌い込んでいる。続く「不自由」では、楽団が緩くスウイングジャズを奏で、家家がこれまた跳ねるような（スウイングする）歌唱法で、肩の力を抜いたヴォーカルワークを披露してくれている。後半は対照的に昊恩が朗々と歌い上げている。「蜥蜴」は、ライトニン・ホプキンスを彷彿とさせる昊恩のブルースギターで始まり、そこにブルージーな歌唱が乗っかり、力強いR&Bナンバーに仕上がっている。軽くイコラーザーをかけた家家のヴォーカルが印象的な「迷路」は、このアルバムのハイライトと言ってもよさそうだ。間奏での昊恩のヘヴィーにロックするエレキギターが素晴らしい。先住民族の女の子の歌声で始まり、家家が珍しく「可愛らしく」歌う「星星數不清」も、プリミティヴな味わいが魅力的だ。「記得説再見」は、ハーモニカを効果的にフィーチャーしつつ、昊恩が伸びやかなヴォーカルを聴かせてくれ、最後は分厚いコーラスセッションでアルバムの大団円を迎えている。

楊慕仁（Ushiw Pakaruku）のアルバム『部落牛仔』は、台北のSyntrendで偶然見つけたアルバムで、日本に持って帰って聴いてみると、「これはいったい何だ！」と思わせる摩訶不思議な一品だった。昊恩家家に匹敵するセンスのよさを見せてくれたと思った次の瞬間、意図的だろうが、思い切りナンセンスな音作りの曲が挿入されていたりする。その何でもありのおもちゃ箱のようなところが、楊慕仁のアルバム『部落牛仔』の魅力と言えば魅力だ。

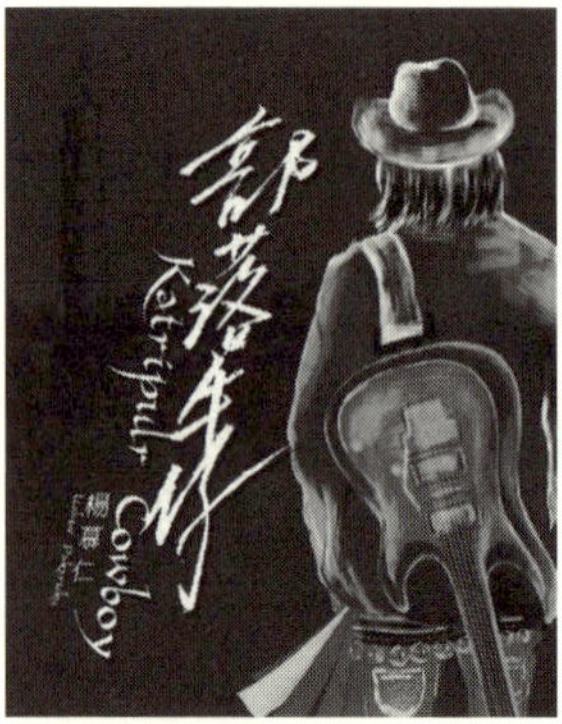

『部落牛仔』は、日本統治時代の皇民化教育が、今の時代にも影を落としていることを伝える「神啊」で始まっている。「神様、神様、神様」[5]と日本語で繰り返される呼びかけ（あるいは祈り）から、強引にフック部の子供たちとのアカペラ・コーラスに移行している。2曲目の「無所畏懼」は、「さよなら」という日本語が曲のアクセントとして多用されている。これら冒頭の2曲における日本語使用は、先述した、数ある少数民族の共通語が日本語であったとする言及を実証してくれているような気がする。「陥阱」では、エリック・クラプトンがアメリカ南部の音楽に憧れていた頃（ディレク＆ドミノス時代）のスワンプロック的なスライドギターが炸裂し、そこに初期のボズ・スギャッ

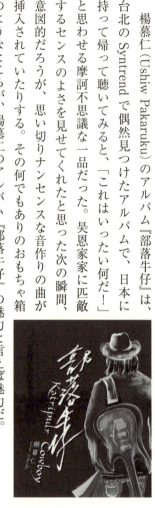

グス風の南部独特のレイドバックした歌唱が重なってくる。このこなれた編曲の妙には、素直に感動! しかし、これが、2曲の後の「懶惰的人」では、「新婚さん、いらっしゃい!」において、桂三枝がズッコケて椅子から崩れ落ちるときに勝るとも劣らない衝撃が走る。なぜって、いきなり内山田洋とクールファイブばりのロマンス歌謡のファズギターを炸裂させてくれているのだ。ヴォーカルは、韓国のトロット風な歌唱だ。アメリカ南部のスワンプ・デルタと東アジアの高湿度の「艶」と「恨」の中で、筆者の頭は混乱する。その筆者の戸惑いをあざ笑うかのように、「女人香」では美川憲一ばりのポップス演歌が展開され、次の「就是這様」では、リオのカーニバルに誘われ、コパカバーナのビーチを歩かされる。ここまでの40分間で、脳ミソはすでに地球を半周している。仕上げは、インドネシアかマレーシアにいるかのようなトーンのナレーションに導かれて、東南アジアチックなメロディーラインに身を包まれる。そして、44分かけて『部落牛仔』を聴き終えた後、楊慕仁という先住民ミュージシャンにかけられたマジックで、筆者の心はいずこかへと浮遊してしまう。

楊慕仁は、天才なのか、稀代の詐欺師なのか、その判断は筆者にはキャパシティー・オーバーだ。でも、病みつきになりそうな自分がそこにいるのも事実だ。無理やり言ってしまえば、「ナンセンスに対するエキセントリックなセンス」、あるいは「いい加減が分かっている『いいかげんさ』」と言ったところだろうか……。

新寶島康樂隊（New Formosa Band）は、先住民族の血を引く陳昇（Bobby Chen）と黄連煜（Huang Lien-yu）、阿Vonの三人組で、台湾閩南語使用にこだわり、客家出身の政治家を指示することを堂々と表明している異色のバンド。ちなみに、陳昇が２０１４年にリリースした4thソロアルバム『山歌一條路』は、第26回金曲獎（Golden Melody Awards）で最佳客家專輯獎（Best Hakka Album）を受賞している。

筆者が一番好きな新寶島康樂隊のアルバムは、１９９６年の『新寶島康樂隊第樹輯』だ。イントロに導かれて始まる「大地」は、モダンなビートとエスニックテイストのメロディーが見事な調和を見せている佳曲。フォルモサの大地に染み入るような歌声が印象的だ。続く「嚇一跳」は、やさしく落ち着いたテノールで歌い込まれていくバラードで、思わず聞き惚れてしまう。５曲目の「貪戀」は、加藤和彦の紡ぐメロディーラインを彷彿とさせるフォーキーな曲に仕上がっており、このアルバムのハイライトと言ってよいだろう。間奏のアコースティックギターが郷愁を誘う。６曲目の「不要不要」は、ルー・リードに一脈通じるアンニュイを含んだヴォーカルワークで始まり、途中から俄然熱気を帯びた歌唱に転ずる。その構成の妙は素晴らしいの一語に尽きる。７曲目の「車輪埔」は、人によってはアルバムのベストに推すかも知れないと思ってしまう程、捨てがたい魅力を持つミディアム・ナンバー。最後を締めくくるのは、中華的メロディーラインの「香蕉王」。その昔、台湾にやってきて生活の根を張り、徐々に台湾社会で一定の地位と存在感を築いてきた客家の心情が歌われているようにも思える。

以上のように、台湾の先住民音楽は、伝統とエスニシティーに執着しがちな他の民族音楽と違って、とても多様性と大衆性、さらには前衛性に富んでいる。それは、常に他国からの支配を受け続けてきた歴史が生みだした、あるいは、先住民が生きる術として必然的に身につけた高いフレキシビリティーを反映しているかも知れない。

この先住民音楽を内包して進化し続けるTW-POPは、台湾人と台湾社会を理解しようとするときの「のぞき窓」として機能する。そう言い切れる程、TW-POPには「フォルモサの声」が詰まっているのだ。是非、一度お試しあれ！

この章でTW-POPを紹介するとき、J-POPアーティストや日本で人気の欧米アーティストに例える手法を多用した。理由は、この本は日本の読者に台湾や台湾の大衆芸術を伝えることを目的としているので、分かり易くするためには、そうせざるを得なかったからだ。勿論、そうしないと分かり易くできない筆者自身の力不足は言うまでもない。その点は、お許しいただきたい。

エピローグ

プロローグに記したように、ここ数年、世界の大学と自分の務める大学との交換留学用の協定を結ぶ仕事で、世界のあちこちを飛び廻ってきた。そこで、痛感させられるのは、この先、日本がずっと先進国でいられるだろうか、という危惧の念だ。日本は、グローバル化を叫ぶ傍らで、異常なまでのリスク管理体制の強化を図ろうとしている。

理由は、最近、日本社会に蔓延してしる「コンプライアンス菌」というウィルスにある。このウィルスにやられると、例えば、外部からの愉快犯的投書やメールにも免疫力が極端に弱まり、必要のない過剰な対応をしてしまう。そして、愉快犯をより愉快にさせ、自分たちは対応に疲弊するという重い症状に至るのだ。そして、ときには、「リスク管理上問題がある」として、せっかく上手く進行していたグローバル化を自粛してしまう愚作も採択する。こんな「コンプライアンス菌」が今、日本中を席捲し、ひょっとしたら日本のグローバル化を崩壊させてしまうかも知れないのだ。

日本の未来を輝かせてくれる可能性を秘めたグローバル人材を育てる手段の一つであ

る海外留学は、当然リスクを伴う。つまり、グローバル人材養成は、ハイリスク・ハイリターンという両義性を含んだ営為なのである。ノーリスクを求めるなら答えは一つしかない。グローバル人材養成、あるいはその手段の一つである海外留学を諦めることだ。そんな自己矛盾を孕んだ状況下、個人的には、最近とうとう開き直り、「コンプライアンスが日本を滅ぼす」と事あるごとに言っている。

このままでは、台湾や韓国といった国際競争力の強い国に追いつけるはずがない。韓国（5,100万人）と台湾（2,300万人）は、国内市場だけでは経済を維持できないので、早くからグローバル化が進んだ。日本の主要家電メーカーの総売り上げは、韓国サムスン一社のそれに及ばない。日本のシャープは台湾の鴻海に買収された。製品の質で劣ってないのに日本の負けが続くのは、一重に、グローバル市場でのマーケティング力、交渉力・企画力、そして何より、リスクを取りにいく腹のくくり方が劣っているからだ。

国際会議の場で、「その件に関しては上司に相談してからでないと結論をだせません」なんて言っているうちは、日本の再生は絶望的だ。グローバルビジネスの現場では、「それなら、その上司が会議にこいよ！」と言われてしまうのは必定だ。日本は、国際会議に出席する者に決定権を与えて送り出す「権利委譲」の文化を早急に形成してグローバルビジネスに立ち向かうべきだ。この「権利委譲」こそが、権利と責任感を担当者に植えつけ、リスクを取る覚悟と自信を生み、「コンプライアンス菌」に対する強力な抗菌剤となるだろう。「リスクを取らないことがリスキーな時代」がもう到来しているのだ。

「台湾留学なら中国留学のリスクを回避して、グローバル人材に不可欠な英語とともに今後重要になる中国語を学べる」という言い回しは、多少なりとも上記の「コンプライアンス菌」に侵されている発言だと自省し、封印することにした。チャイナ・リスクを受け止める腹をくくり、中国留学をしている世界中からの留学生たちに大変失礼な言葉であった。台湾留学に上記以外の積極的な意味と価値を見いだし台湾で学んでいる留学生たちへの配慮にも欠けていた。ひたすら台湾のよさを伝え、台湾留学の優位点を真摯に伝えればよいのだ。比較論を持ちだす必要性はなかった。本書『台湾の表層と深層』を書き終えて、この境地に到達できたことは、不幸中の幸いであった。

筆者が働く山口大学国際総合科学部は、2年次後期から3年次前期まで1年間交換留学することが半ば義務づけられている。1期生である現2年生が、現在世界中の大学に散らばって留学中だ。85人中28名が台湾で学んでおり、2位のアメリカ10名を大きく引き離しての断トツのマジョリティを形成している。その彼らと、2016年の11月、高雄、台中、桃園で食事会を開き、ほぼ全員と会うことができた。彼らは、まだ渡台して2ヵ月と少しにも拘らず、覚えたての中国語を駆使して何とか台湾生活を楽しんでいるように見えた。この本が出版された後の2017年8月頃には、彼らのおおかたは山口に帰ってくる。そのときは、彼らのフォルモサ体験を大いに聞かせて貰いたい。また、この本への感想も是非聞かせて貰いたいものだ。今から楽しみにしている。

彼らに再会した1週間後、客員教授をしている桃園の開南大学（第二代目台湾総督桂太郎が開学に尽力した日本の拓殖大学と強い歴史的絆で繋がる大学）で、5日間の集中講義を行った。講義名は「J-POPとK-POPの比較論」。講義中も講義後も一貫して感じたことは、台湾の人たちが日本のことをよく知っているのに対し、「日本人は、あまり、いや全然台湾のことを知らないな」という感慨だ。この本が、少しでもこの状況の修正に貢献できたらと切に願う。

韓国と台湾の音楽には、ここ数年、かなりの熱度をもって接してきた。しかし、常に気になってはいるが、なかなか聴き込む時間が持てないできた音楽シーンがある。それは言うまでもなく中国本土の音楽シーンである。圧倒的な市場を持つC-POPシーンは、やがてJ-POP、K-POP、TW-POPに肩を並べてくるはずだ。その追走に目配せすることで、東アジアの音楽シーンを俯瞰するという自身のゴールが見えてくるはずだ。筆者はこれまで、「音楽は必ずその背後にある社会及び経済の影響を受ける」という「マルクスの経済決定論」（Marx, s economic determinism）を理論的背景にした「音楽社会学」（music sociology）を指向してきた。そして「社会」の部分を「都市」に限定して、『ビートルズ都市論・リヴァプール、ハンブルグ、ロンドン、東京』を皮切りに、エルビス・プレスリーとメンフィス、ジョン・レノンとニューヨーク、K-POPとソウル、TW-POPと台北との関係性を求めてフィールドワークを重ねてきた。だから、もう半年もすれば、北京、上海、香港の街角を歩きながら、C-POPの取材を始めているはずだ……。そこで、ライフワークの一応の完結としたい。

２０１６年12月　　　　福屋　利信

参考文献

プロローグ

1. 江宮隆之「児玉源太郎」『歴史街道：児玉源太郎と台湾』（PHP 研究所、2016）40。
2. 李登輝『新・台湾の主張』（PHP 新書、2015）21。
3. 小野英輔「私と台湾と児玉翁」『藤園創刊号』（児玉源太郎顕彰会、2016）12.
4. 周南市美術博物館『児玉源太郎と近代国家への歩み展：日本の進路を託された男』（周南市美術博物館、2011）77。
5. 松村久「古書店店主として児玉源太郎の本を復刻」『藤園創刊号』（児玉源太郎顕彰会、2016）22。

1 章

1. 大前研一「台湾の経済は、中国よりも圧倒的に強い」『日本の論点 2015-16』（プレジデント社、2014）239。
2. 毎日新聞（2016 年 5 月 2 日、朝刊 9 面）。
3. 蔡英文著、前原志保監訳『蔡英文：新時代の台湾へ』（白水社、2016）3。
4. 亜洲奈みづほ『台湾事始め』（凱風社、2006）28。

2 章

1. 野嶋剛『認識・TAIWAN・電影：映画で知る台湾』（明石書店、2015）3。
2. 伊藤潔『台湾：四百年の歴史と展望』（中公新書、1993）65。
3. 前掲同書、68。
4. 古川勝三『日本人に知って欲しい台湾の歴史』（創風社出版、2013）86。
5. 片倉佳史「『六士先生』の会話帳」『歴史街道：児玉源太郎と台湾』（PHP 研究所、2016）59。
6. 中川浩一・和歌森民男編著『霧社事件：台湾高砂族の蜂起』（三省堂、1980）87-88。
7. 魏徳聖『セデック・バレ：インターナショナル・ヴァージョン』（マクザム、2013）。
8. 前掲同映像。
9. 前掲同映像。
10. 魏徳聖『KANO 1931 海の向こうの甲子園』（アニプレックス、2015）。
11. 野嶋剛（前掲書）27-28。
12. 李登輝『新・台湾の主張』（PHP 新書、2015）196。
13. 前掲同書同頁。
14. 前掲同書、52。
15. 魏徳聖『海角七号、君思う、国境の南』（マクザム、2015）。

16. 前掲同映像。
17. 侯孝賢『非情城市』(IMAGICA TV、2014)。
18. 楊雅喆『GF ＊ BF』、プロダクション・ノーツ(ポリゴンマジック、2015)。
19. 九把力『あの頃、君を追いかけた』(マクザム、2014)。
20. 前掲同映像。
21. 野嶋剛(前掲書) 96。

3 章

1. 黄文雄『児玉源太郎:日本と台湾を愛した武士(サムライ)』(NPO・ふるさと日本プロジェクト、2008) 19。
2. 中村謙司『史論・児玉源太郎』(光人社、2009) 46。
3. 木立順一『偉人伝 / 児玉源太郎 現在人が今一番目指すべき姿(後編)』(メディアポート、2014) 202。
4. 前掲同書、200。
5. 前掲同書、201。
6. 花田佳子「児玉文庫の軌跡」『藤園創刊号』(児玉源太郎顕彰会、2016) 6。
7. 片倉佳史「後藤を支えた『台湾鉄道の父』」『歴史街道:児玉源太郎と台湾』(PHP 研究所、2016) 51。

4 章

1. 李登輝『新・台湾の主張』(PHP 新書、2015) 138-140。
2. 野島剛『台湾とは何か』(筑摩書房、2016) 178-179。
3. 陳懐恩『練習曲』(エスピーオー、2010)。
4. 司馬遼太郎『街道を行く 40< 新装版 > 台湾紀行』(朝日文庫、2009) 126。
5. 酒井充子『台湾人生』(文藝春秋、2010) 23。
6. 前掲同書、29。
7. 前掲同書、20。
8. 前掲同書、103。
9. 前掲同書、55。
10. 前掲同書、46。
11. 前掲同書、141。
12. 前掲同書、157。
13. 酒井充子『台湾人生』(マクザム、2008)。

14. 酒井充子『台湾アイデンティティ』(マクザム / 太秦、2013)。
15. 黄銘正『湾生回家』(マクザム、ワコー、太秦、2016)。

5章

1. 福屋利信『ビートルズ都市論』(幻冬舎新書、2010) 15-16。
2. 九把力『あの頃、君を追いかけた』(マクザム、2014)。
3. 徐世珍・呉揮福「罪悪感」『罪悪感』(ソニー・ミュージック・エンターテイメント・台湾、2014)。
4. Panai「流浪記」『野火・春風』((ロック・レコーズ、2001)。
5. 楊慕仁「神啊」『部落牛仔』(MVP Music、2013)。

著者プロフィール
1951年、山口県生まれ。山口大学教授。博士（文学）。
主な著書に、『ビートルズ都市論』（幻冬舎新書）、『ロックンロールからロックへ：その文化変容の軌跡』、『ギャツビー＆レノン』、『グローバル・イングリッシュならフィリピンで』（近代文藝社）、『植民地時代から少女時代へ』（太陽出版）、『*The Beatles' Untold Tokyo Story*』（Amazon Kindle）などがある。

台湾《たいわん》の表層《ひょうそう》と深層《しんそう》

～長州人《ちょうしゅうじん》の熱情《ねつじょう》と台湾人《たいわんじん》のホンネ～

著者／福屋利信《ふくやとしのぶ》

2017年2月25日　初版発行

発行者　磐﨑文彰
発行所　株式会社かざひの文庫
〒110-0002　東京都台東区上野桜木2-16-21
電話／FAX 03(6322)3231
e-mail:company@kazahinobunko.com
http://www.kazahinobunko.com

発売元　太陽出版
〒113-0033　東京都文京区本郷4-1-14
電話 03(3814)0471　FAX 03(3814)2366
e-mail:info@taiyoshuppan.net　http://www.taiyoshuppan.net

印　刷　シナノパブリッシングプレス
製　本　井上製本所

装　丁　緒方徹

ISBN978-4-88469-898-0